초고속 인터넷

빛의 속도 꿈의 네트워크, 세상과 소통하다

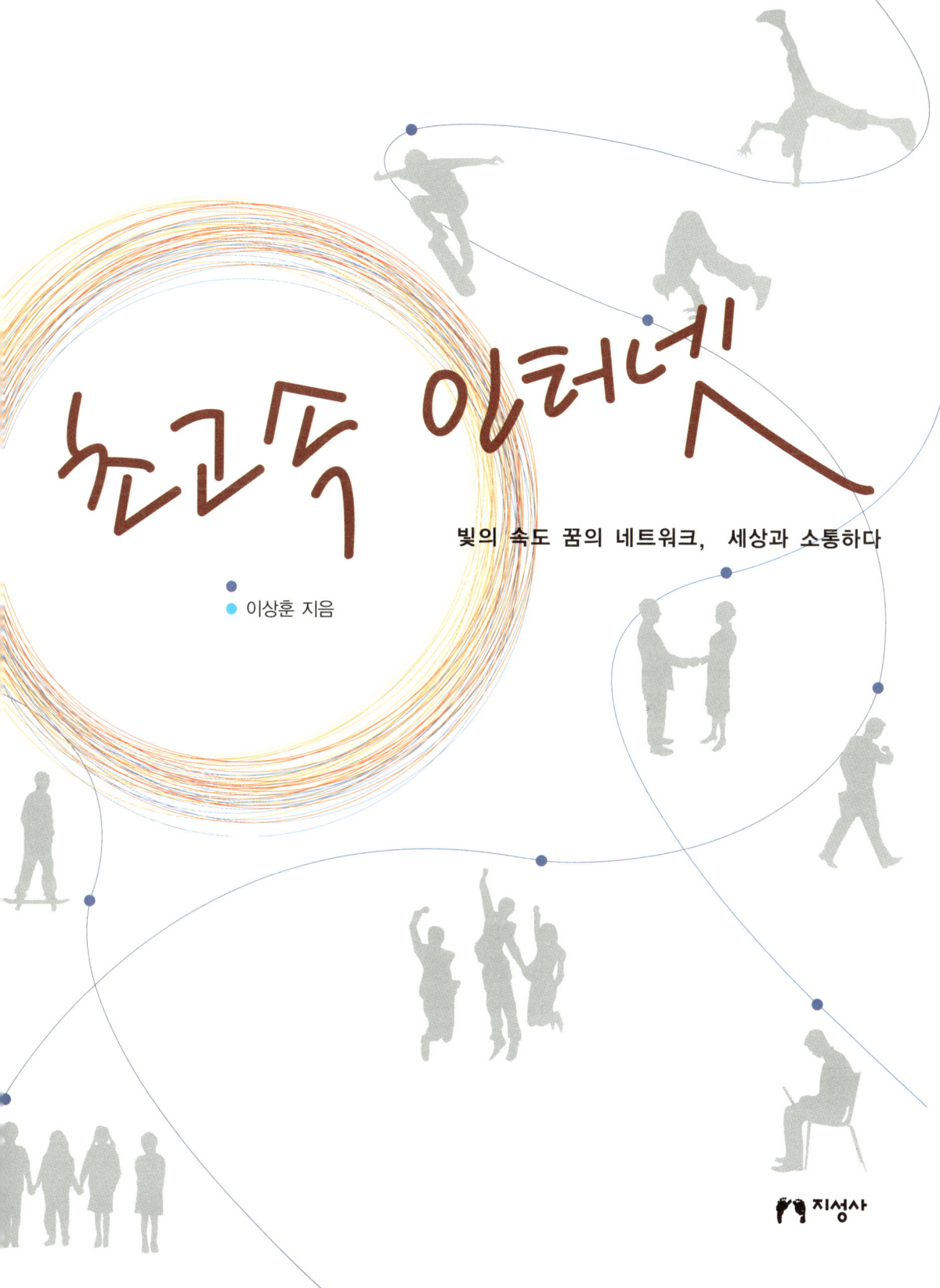

초고속 인터넷

빛의 속도 꿈의 네트워크, 세상과 소통하다

● 이상훈 지음

지성사

발간사

우리나라는 1960년대에 시작한 중화학공업 육성정책에 힘입어 1970년대에 비약적인 경제 발전을 이룩하였으며, 이를 토대로 1995년에는 꿈의 국민소득 1만 달러를 달성하였다. 그러나 지난 10여 년간 우리는 불행하게도 '마의 1만 달러 수렁'에 빠져 헤어나지 못하였으며, 급기야 1997년에는 'IMF 금융통치'라는 치욕적인 수모를 겪기도 하였다.

늦어도 2010년까지 우리 국민소득이 2만 달러대를 넘어서지 못하면 우리나라는 남미 국가들처럼 성장의 역동성을 잃고 쇠락할 수밖에 없다. 그래서 국민소득 2만 달러 시대를 달성하기 위한 전략 목표로 10대 성장동력과 10대 글로벌기업 육성의 필요성을 강조하고 있다.

그러나 어려운 상황에서도 몇몇 수출주력산업은 호조를 보여 어려운 우리 경제에 버팀목 역할을 다하고 있음은 다행스러운 일이다. 이는 WTO로 대변되는 글로벌 경제체제에서의 산업은 국내가 아닌 세계에서 경쟁력을 갖추어야 살아남을 수 있음을 시사하는 것으로, 대외 의존도가 높은 우리 경제의 경우 더욱 절실하다.

따라서 세계 일등 상품, 치열한 경쟁을 뚫고 세계 시장에서 선두를 차지하고 있는 우리 상품을 선정하여, 어떤 경영 전략하에 어떤 기술로 어떻게 만들어 세계 시장을 석권하였는지 살피고, 이에 도달하기까지 숨은 엔지니어들의 노력과 땀을 돌아봄으로써 앞으로 우리 산업 발전의 금과옥조로 삼아야 할 것이다.

이러한 내용을 가능한 한 쉽게 기술하여 일반 독자에게 전달하고자, 한국공학한림원이 '월드 베스트 시리즈'를 기획하였으며, 산업자원부 지원으로 지성사에서 출판하게 되었다. 이 시리즈에 담은 월드 베스트 상품들은 한국공학한림원의 각 회원사로부터 추천을 받거나 산업자원부가 선정한 세계 일류 상품 목록을 참조하여 한국공학한림원의 월드 베스트 기획위원회에서 최종 선정하였다.

각 항목에 대한 글은 연구나 취재를 통하여 오랫동안 깊이 다루어 온 전문가에게 의뢰하였으며, 그에 대한 감수는 한국공학한림원 회원들이 전공에 따라 분담하였다. 또한 관련 회사로부터 자료를 지원받았으며, 관련 전문가에게서 자문을 구하였다.

이 책들이 우리나라 세계 일등 상품과 기술에 대한 국민의 이해를 돕고, 국민소득 2만 달러로 가는 길에 힘이 되어주기를 바라면서 발간사를 가름한다.

한국공학한림원 회장
산업자원부 장관

머리말

현대 사회는 지식과 정보가 모든 경제 활동의 핵심이 되는 지식경제 사회로 빠르게 변화하고 있으며 그 기반에 정보통신 인프라가 있음은 주지의 사실이다. 이 가운데 우리나라는 세계 최고 수준의 초고속 인터넷 인프라와 활용률을 갖는 나라로 자리 잡았고, 이를 기반으로 지식경제 사회에서 제2의 도약을 바라볼 수 있게 되었다.

초고속 인터넷 분야에서 우리나라가 No.1으로 꼽힐 수 있었던 건, 물론 ADSL 기술을 활용한 초고속 인터넷 서비스를 어느 나라보다도 먼저 상용화하고 적극적으로 사업을 전개했기 때문이다. 하지만 이러한 성공의 이면에는 1990년대 초반부터 진행된 B-ISDN 기술 개발을 위한 국가적인 투자와 연구 개발을 통해 축적된 인력과 기술이 자리 잡고 있었다. 초고속 정보통신망을 어느 나라보다도 먼저 우리의 기술로 구축하자는 목표로 시작된 'HAN/B-ISDN'이라는 프로젝트는 인터넷이라는 서비스를 만났고, 가입자망의 구축 기술로 때마침 상용화된 ADSL 기술이 있었기에 초고속 인터넷이라는 사업이 성공할 수 있었던 것이다.

우리나라에 본격적인 초고속 인터넷 시대를 열어준 ADSL 서비스는 국내에서 처음으로 상용화된 기술이었기에, 당시만 해도 노하우를 얻을 수 있는 벤치마킹 대상이 없었고 관련 장비들도 온통 허점투성이였다. 안정적인 서비스를 제공하기 위해, 오직 발로 직접 뛰고 몸으로 부딪치며 수많은 시행착오를 통해 스스로 노하우를 쌓아갈 수밖에 없었다. 연구진은 끊임없는 연구로 최적의 기술 요구사항을 도출하여 국내외 관련 업계를 이끌어갔으며, 운용진은 전국 방방곡곡, 지상·지하의 기계실에서 더 안정적이고 더 빠른 인터넷을 제공하려 노력하였다. 이처럼 우리나라가 세계 최고 수준의 초고속 인터넷 환경을 만들 수 있었던 것은 이들의 땀과 노력이 있었기에 가능한 일이었다.

또한 정부는 지난 1990년대 초반부터 10여 년 동안 변함없이 초고속 정보통신 정책을 일관적으로 추진함으로써, 우리나라에서 싹이 튼 초고속 정보통신 기술이 결국은 세계 최고의 초고속 인터넷으로 성장할 수 있는 환경과 기반을 제공하였다. 이러한 의미에서 우리나라 초고속 인터넷의 성공은 관련 산업계, 연구기관, 그리고 정보통신부의, 이젠 40~50대가 된 선후배, 동료들 모두의 공동 작품이자 열정의 결실이라 하겠다.

이제 한류(韓流)는 비단 드라마와 영화, 음악을 비롯한 엔터테인먼트 산업에만 해당되는 것이 아니다. 초고속 인터넷에서 우리나라는 이미 세계 여러 나라의 벤치마킹 대상이 되고 있으며, 단기간에 폭발적으로 늘어난 인터넷 수요를 수용하면서 쌓인 노하우와 선진 기술을 가지고 해외로 활발히 진출하고 있다. 이와 더불어 초고속 인터넷 환경 위에서 뛰어난 기획력을 바탕으로 성장해온 게임과 커뮤니티 서비스들도 세계인들의 주목을 끌며 IT 한류 열풍으로 이어가고 있다.

인류 역사상 최고의 발명품 중 하나라는 찬사를 받으며 우리 삶의 방식을 바꿔놓은 인터넷은 이제 또 다른 변화를 맞이하고 있다. 언제 어디서나 이동하면서도 이용 가능한 휴대 인터넷 서비스, 유무선 초고속 인터넷을 기반으로 갖가지 편리한 생활을 가능하게 하는 U-시티 등을 우리 기술로 만들어가고 있다.

제2의 도약기를 앞둔 시점에서 이 책을 통해 우리나라 초고속 인터넷의 태동과 발전의 순간들을 되돌아보았다. 그 성공의 요인들을 다각도로 조명해봄과 동시에, 여러 분들의 증언과 내부 자료를 통해 수집한 숨은 에피소드들을 최대한 많이 담으려 노력하였다. 제1부에서는 인터넷 등장 이전의 시대를, 제2부에서는 우리나라가 세계 최고 수준에 오르기까지 겪었던 우여곡절의 순간들을 되짚어본다. 그리고 제3부에서는 이 시대 우리나라 인터넷의 명암을 냉철히 비판해보고, 마지막 제4부에서는 미래의 유비쿼터스 세상을 그려본다.

필자에게는 1980년대 B-ISDN 개념의 태동기부터 장비의 개발, 망의 설계와 구축, 그리고 구축된 초고속 인터넷망의 운용까지, 20여 년에 걸친 엔지니어로서의 삶을 초고속망과 함께할 수 있었던 행운이 있었다. 또 그 과정에서 만날 수 있었던 KT와 ETRI(한국전자통신연구원)의 동료들은 필자의 삶에 주어진 커다란 축복이었다. 이들과 함께 우리나라 초고속 인터넷의 발전을 위해 다방면에서 수고를 아끼지 않으신 모든 분들께 이 부끄러운 졸저를 바친다.

마지막으로 이 책이 나오기까지 많은 도움을 주신 여러 분들께 감사의 말씀을 드리며, 특히 필자보다 더 공을 많이 들인 조정화 씨와 김현숙 씨, 이동면 박사, 전홍범 박사에게 그 공을 돌린다.

초고속 인터넷을 비롯한 IT 분야뿐만 아니라 우리나라 산업 전반에서 대한민국이 '월드 베스트'가 되기를 기원한다.

2006년 11월

KT 부사장 이상훈

발간사 · 4
머리말 · 6

1부 인터넷과 인터넷 강국, 한국

01 초고속 인터넷 보급률 1위, 한국 · 16
전 세계의 모범 사례 | 숫자로 본 인터넷 한국

02 인류 최고의 발명품, 인터넷 · 22
인터넷이란 무엇인가 | 인터넷의 기원과 역사

03 PC통신과 인터넷 · 28
PC통신 시대 | 한국 최초의 인터넷 서비스, 코넷 | 다이얼 업(Dial-Up) 시대의 인터넷 시장

04 드디어 빛의 세계로! 초고속 인터넷 · 37
ISDN의 등장 | N-ISDN의 부진과 B-ISDN의 부상 | 초고속 정보통신망과 초고속 인터넷 | 초고속 인터넷의 망 구조 | 초고속 인터넷의 유형

CONTENTS

2부 꿈의 초고속 인터넷 프로젝트, 그 신화의 순간들

05 초고속 인터넷 시대의 개막 · 56
철저한 준비로 무장한 전야제 | 두루넷, 초고속 인터넷 시대의 개막을 알리다 | 하나로텔레콤, 세계 최초의 ADSL 기술 상용화 | KT, ADSL 사업 개시

06 본격적인 속도전에 들어가다 · 64
초고속 인터넷 시장, 경쟁 체제 돌입 | 가입자 폭증과 후발주자 KT의 도약

07 품생품사(品生品死) · 77
장비 간 100% 호환성 주도 | 새로운 서비스에 대한 어려움을 열정으로 넘다 | VDSL로 또다시 한 단계 도약하다

08 인터넷 독립의 날 · 84
늘어나는 가입자, 늘어나는 품질 불만 | 경계선 밖의 서러움 | 인터넷 독립의 날 | 초고속 인터넷망의 척추, 기간망 현황

09 초고속 인터넷 가입자 1,000만 시대 · 95
세계가 주목한 IT 월드컵 | 초고속 인터넷, 1,000만 시대를 열다

10 인터넷 강국 최대의 위기, 1·25 침해사고 · 102
숨 막히는 40시간, 시간대별로 본 1·25 침해사고 | 1·25 침해사고가 남긴 것

11 세계로 나아가는 우리 초고속 인터넷 · 111
국내-해외 간 트래픽 역전의 순간 | 초고속 인터넷, 해외 시장으로 눈을 돌리다 | 첫 해외 수출국 베트남, 신차오! | 장비업체들, 수출에 나서다

12 세계 최초, 인터넷 인구 70% 돌파 · 121
전 국민 인터넷 이용 시대를 열다 | 또다시 속도전이다, 초고속 삼국대전의 광풍

3부 부동의 1위 초고속 인터넷의 빛과 그늘

13 초고속 인터넷, 세상을 바꾸다 · 128
"세계 최초의 인터넷 대통령, 로그온하다" | 인터넷, 생활을 바꾸다 | 인터넷이 가져온 산업의 변화

14 한국의 초고속 인터넷 성공 신화, 그 비결은? · 147
벤치마킹 대상, 한국 | 정부 정책과 경쟁 체제, 그리고 교육열 | 엄마의 마음을 잡다 | 콘텐츠 발달과 초고속 인터넷의 보급, 동전의 양면

15 초고속 인터넷의 그늘 · 154
익명성 아래 숨은 사이버 폭력 | 개인정보 침해와 사이버 범죄의 온상 | 인터넷 중독, 스팸메일과 음란물의 홍수

4부 또 한 번의 신화를 향하여

16 초고속 인터넷의 향후 과제 · 164
우리는 진정한 인터넷 강국인가? | 깨끗하고(Clean) 안전한(Secure) 인터넷을 향하여 | 현재 초고속 인터넷의 기술적 한계 | 하드웨어와 소프트웨어, 콘텐츠의 국가 경쟁력 강화

17 제2의 인터넷 혁명, 새로운 미래를 열다 · 181
차세대 네트워크의 키워드 – 유비쿼터스, 고품질 | 와이브로, 움직이는 초고속 인터넷 시대를 열다 | 또 하나의 새로운 세상, 인터넷 TV | 이제 'U-코리아다!

에필로그 · 193
참고문헌 · 194

한국의 초고속 인터넷에 대한 세계의 평가 · 17
'프로토콜' 이란? · 23
인터넷을 그림으로 그려본다면? · 27
PC통신과 인터넷의 가장 큰 차이점은? · 30
56Kbps는 어느 정도의 속도일까? · 32
국내 최초의 홈페이지와 인터넷 가입자 · 33
인터넷 초창기의 에피소드들 · 34
커뮤니티의 원조, KIDS · 49
ATM 기술이란? · 50
초고속 국가망 · 51
영상 압축 기술 · 53
데이터가 다니는 길 - 구리선, 동축 케이블, 광케이블 · 63
메가패스 3종 세트 · 67
초고속 인터넷 시장의 통합 브랜드 바람 · 70
보이지 않는 통신한국의 심장 - 공동구, 해저 광케이블, IDC · 73
ATM 방식에서 IP 방식으로의 변화가 의미하는 것은? · 83
라우터는 자동차, 라우팅 프로토콜은 운전사 · 92
외신 기자들의 e-코리아 체험기 · 100
'포트(port)' 란? · 103
도메인과 DNS 서버 · 108
'웜 바이러스' 라는 말은 틀린 말? · 110
북한에도 인터넷이 있을까 · 119
FTTH란? · 125
인터넷 생활백서 · 145
'최선형(Best Effort) 네트워크' 란? · 174
네트워크의 품질 기준 - 지연, 지터, 손실 · 174
인터넷 단말의 향연 · 179
'유비쿼터스' 란? · 182
와이브로와 와이파이, 모바일 인터넷 · 190
다른 나라의 U-시티는 어떤 모습일까? · 191

1부
—
인터넷과 인터넷 강국, 한국

01 초고속 인터넷 보급률 1위, 한국

전 세계의 모범 사례

2002년 7월, 여덟 명의 영국인이 한국을 찾았다. 이들이 향한 곳은 유명 관광지가 아닌 우리나라의 초고속 인터넷 운용 및 이용 현장. 이 여덟 명의 영국인들은 영국 통상산업부와 브루넬 대학, 그리고 BT(영국 브리티시텔레컴)에서 날아온 이른바 '초고속 인터넷 사절단'이었던 것이다. 조사를 마치고 영국으로 돌아간 전문가들은 「한국의 초고속 인터넷에 관한 보고서」를 발표했다.

보고서의 내용은 "초고속 인터넷 선진국이 되기 위해서는 한국의 사례를 모범으로 삼아야 한다"는 것이었다. 영국의 유력 일간지인 『가디언』 또한 이 보고서를 인용해 "한국은 불과 5년 만에 기적을 일궈냈다"면서, "한국을 세계 제1의 초고속 인터넷 이용국이 될 것으로 본 사람은 많지 않았으나 그것은 현실이 됐다. 한국 가정의 67%가 초고속 인터넷을 사용하고 있는 데 비해 영국은 4% 정도에 불과하다"고 보도했다. 산업혁명의 발상지이자 과학기술 선진국인 영국에서 아시아의 작은 나라 한국에 보내온 찬사와 부러움, 그것은 인터넷 강국 대한민국의 위상을 전 세계에 각인시키는 일이었다.

우리가 이뤄낸 초고속 인터넷 신화에 놀라움을 표한 것은 영국뿐만이 아니다. 불과 10여 년 만에 초고속 인터넷 보급률 세계 1위 국가의 자리에 오른 한국. 전 세계 언론들은 우리나라 초고속 인터넷의 성공 스토리에 극찬을 보냈고, 각국 정부와 정보통신 사업자들이 이를 모델로 삼고자 다각도로 연구하고 있다.

그렇다면 전 세계 정부와 언론은 왜 한국의 초고속 인터넷에 이 같은 경의를 표하고 있는 것일까. 정보통신 사회에서 한 국가의 인터넷 이용자 수는 그 국가의 IT 경쟁력을 가늠하는 지표가 된다. 1998년에 처음으로 초고속 인터넷 서비스를 시작한 우리나라는 불과 4년 만인 2002년에 가입자 수가 1,000만 명을 넘어서는 저력을 보여줬다.

이미 4년째 세계 정상의 자리를 지키고 있는 우리나라의 2005년 6월 초고속 인터넷 보급률은 인구 100명당 25.5명으로, OECD 가입국 중 압도적인 1위를 차지했다. 이는 OECD 가입국들의 전체 평균인 11.8명보다 14명이 더 많은 수치이며, 미국의 두 배에 가깝다. 2위는 네덜란드(22.5명), 3위는 덴마크(21.8명)가 차지했으며, 일본은 16.4명으로 11위, 미국은 14.5명으로 12위에 그쳤다.

이렇다 보니 최근 몇 년 사이 외국 여행을 다녀온 사람 중에는 인터넷 때문에 불편을 겪었던 경험을 이야기하는 이가 많다. 그리고 "세계 어느 곳을 가도 한국만큼 인터넷이 편리하고 빠른 나라는 없다"고 입을 모은다. 이용자 입장에

한국의 초고속 인터넷에 대한 세계의 평가

■ 『월스트리트 저널』
"한국은 인터넷 사용의 양과 질, 두 측면에서 모두 세계 1위를 기록하고 있다."(2001. 5. 3.)

■ 미래학자 앨빈 토플러
"이제 한국은 IT 분야에서 벤치마킹할 검증된 모델이 존재하지 않는 만큼, 새로운 전략적 모형을 구상해야 할 것이다." (2001. 6.)

■ 『파이낸셜 타임스』
"한국은 '디지털 기술의 실험장'이라는 명성과 선진화된 초고속 인터넷 시장임을 자랑하고 있다."(2002. 6.)

■ 『파이스턴 이코노믹 리뷰』
"세계 정보통신의 미래는 한국에 달려 있다."(2002. 6.)

■ IT 분야의 최대 국제기구 ITU
"한국이 정보통신 분야에서 이룩한 발전은 기적. 더 이상 권고할 것이 없는 성공적인 사례다." (2003. 4.)

■ 『포춘』
"한국은 초고속 인터넷 보급률이 세계 1위인 75%에 달한다. 미래의 디지털 세상에서 한국이 미국을 제치고 가장 막강한 영향력을 행사하는 나라가 될 것이다."(2004. 9. 20.)

(단위 : 인구 100명당 명)

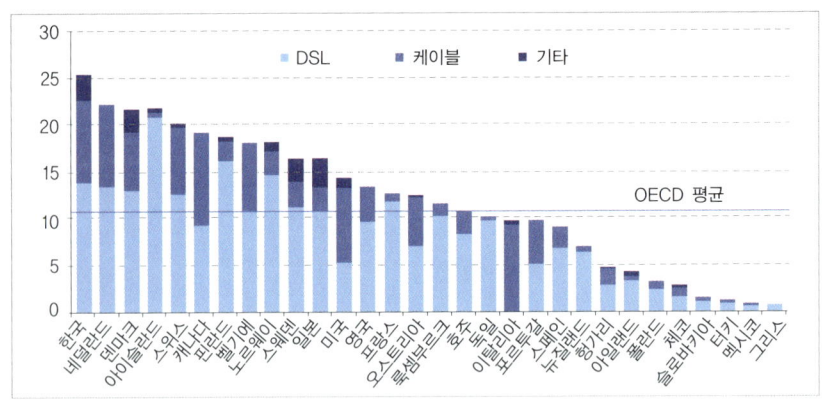

OECD 국가별 초고속 인터넷 보급률(2005)

서도 인터넷 강국의 위상을 느끼게 되는 순간이다.

20여 년 전만 해도 우리나라는 유선전화 보급이 200~300만 회선에 불과해 만성적인 전화 적체에 시달리던, 정보통신 인프라 세계 100위권 수준의 통신 후진국이었다. 하지만 대역전이 이루어졌다. 이제 초고속 인터넷 보급률 세계 1위, 인터넷 이용자 세계 2위, 인구 대비 76%의 이동통신 가입률 등 세계 최고 수준의 정보통신 인프라를 갖추고 명실상부한 IT 강국으로 다시 선 한국. 그 중심에는 초고속 인터넷이 있었다.

숫자로 본 인터넷 한국

다양한 수치와 통계를 보면 인터넷의 이용과 발전 현황, 세계 속에서의 우리나라 초고속 인터넷의 위상을 알 수 있다. 이는 또한 미래의 국가 경쟁력을 가늠해볼 수 있는 발판이 되기도 한다. 그런 의미에서 숫자로 본 인터넷 한국은 어떤 모습일까.

우리나라에 인터넷이 상용화된 지는 올해(2006년)로 12년, 초고속 인터넷 서비스가 시작된 지는 8년째다. 최초의 초고속 인터넷은 1998년 7월 두루넷이 시작한 케이블 모뎀 방식의 서비스였다. 그리고 1999년 4월 하나로통신이, 그해 6월에는 KT가 구리선을 이용한 ADSL 방식의 서비스를 제공하기 시작하였다.

우리나라의 초고속 인터넷 가입자 수는 2000년 5월 100만 명, 2001년 3월 500만 명을 넘어선 데 이어, 초고속 인터넷 서비스가 시작된 지 4년 4개월 만인 2002년 10월에는 드디어 1,000만 명을 돌파했다. 2006년 6월에는 1,270만 명을 넘어서 가구당 보급률이 81%에 이른다. 가구당 보급률이 80%를 넘는다는 것은 인터넷이 없는 집이 없다고 해도 과언이 아니라는 뜻이다. 이를 바탕으로 우리나라는 초고속 인터넷 보급률에서 4년 연속 세계 1위 자리를 지키고 있는 것이다.

전 세계 주요 50개국을 대상으로 국가 정보화 수준을 비교한 '국가 정보화 지수'는 2004년 7위에서 2005년 3위로 올라섰다. 차세대 인터넷의 기반 자원인 IPv6 주소의 보유 또한 세계 8위에서 4위로 상승했다. 2005년 5월, 스위스 국제경영개발원(IMD)의 국가 경쟁력 지수 중 IT 부문이 포함된 기술 인프라 부문에서 우리나라는 미국에 이어 세계 2위를 차지했다.

한국인터넷진흥원의 2006년 통계에 따르면, 만 6세 이상 국민 가운데 3,358만 명이 유선 또는 무선으로 최근 1개월 내에 인터넷을 이용, 인터넷 이용률이 73.5%인 것으로 집계됐다. 인터넷 이용자들의 97.3%는 집에서 인터넷을 이용하고 있으며, 일주일간 평균 인터넷 이용 시간은 13.3시간에 달한다. 인터넷 이용자의 90.4%가 전자메일 계정을 보유하고 있고, 한 달에 1회 이상 사용하는 전자메일 계정은 평균 1.6개로 조사됐다.

초고속 인터넷 성공의 또 다른 의미는 다른 분야의 산업·서비스와 융합

하면서 새로운 세상을 열어가고 있다는 데 있다. 초고속 인터넷의 성장 덕분에 인터넷 뱅킹 사용자는 초창기 12만 명에서 2005년 220만 명으로, 인터넷으로 주식을 거래하는 비중은 2.9%에서 67.1%로 대폭 증가했으며, 인터넷 쇼핑 규모도 2005년 10조 원을 넘어섰다. 국가적으로는 엄청난 규모의 산업

우리나라 초고속 인터넷 성공의 이면에는 수많은 사람들의 땀과 열정이 배어 있다. 이들은 오직 발로 뛰고 몸으로 부딪치며 수많은 시행착오를 통해 지금의 신화를 일구어냈다.

적 효과를, 개개인에게는 생활의 혁명을 가져온 것이다.

이제 인터넷이 없는 세상은 상상하기 어려울 정도로, 인터넷은 우리 사회 거의 모든 부문에 획기적인 변화를 가져왔다. 하지만 처음부터 그랬던 것은 아니다. 초창기에는 접속하는 데, 이메일 하나 보내는 데, 모니터에 그림 하나 띄우는 데만도 몇 분씩 참고 기다려야 했다. 초창기의 인터넷 속도는 9.6Kbps. 현재 인터넷 평균 속도의 100분의 1에도 못 미치는 속도다. 그러던

것이 불과 10여 년 사이에 광랜을 이용해 최고 100Mbps의 속도까지 낼 수 있는 수준에 이르게 되었으니 가히 빛의 속도로 진화했다 할 만하다.

그 폭발적인 성장의 중심에 있는 것이 바로 초고속 인터넷 기술이다. 그렇다면 한국은 10여 년 만에 어떻게 이렇게 놀라운 진화를 이루어낼 수 있었

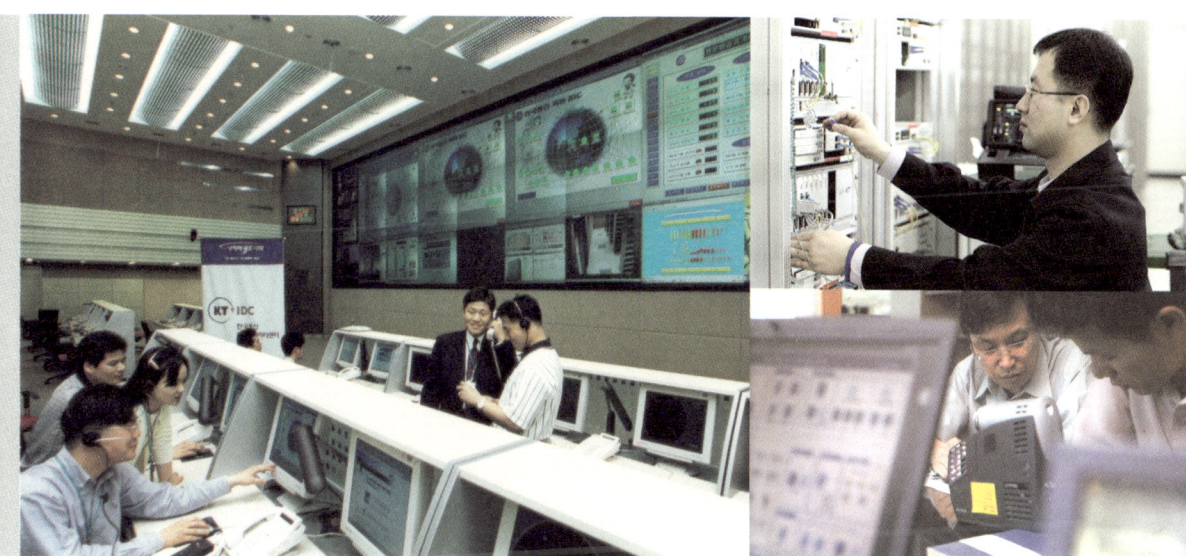

던 것일까. 미국, 일본 등 정보통신 기술 선진국들의 틈바구니에서 인터넷 강국의 위상을 차지하기까지는 어떤 도전과 역경이 있었을까. 빛의 속도로 발전한 꿈의 네트워크, 초고속 인터넷은 우리 삶과 사회를 어떻게 바꿔왔으며, 앞으로 또 어떤 세상을 열어줄 것인가. 이제부터 그 답들을 찾아보자.

02 인류 최고의 발명품, 인터넷

인터넷이란 무엇인가

수능 방송을 보며 공부를 하고, 온라인 게임을 하고, 알고 싶은 정보를 단 몇 초 만에 찾아내고, 온라인 투표로 권리를 행사하고, 유학 간 친구와 실시간으로 대화를 나누고, 블로그와 미니 홈피에 글과 사진을 올리고, 이메일로 사랑한다는 고백을 하고……. 이렇게 많은 일들을 우리는 불과 10여 년 전만 해도 할 수 없었다. 인터넷이 없었기 때문이다.

인터넷 없이는 공부도, 일도, 오락도 상상할 수 없을 만큼 인터넷은 이제 우리 생활 속에 필수적인 존재로 자리 잡았다. 수백 년, 수천 년 동안 존재했던 전통적인 삶의 형태는 물론 생각하는 방식까지 바꿔놓으며 나날이 변화의 속도를 높여가고 있는 인터넷. '인류 역사상 최고의 발명품'이라는 수식어가 과언은 아니다.

통신 수단은 인류의 역사와 함께 진화해왔다. 전하고 싶은 메시지를 사람이 직접 가서 전할 수밖에 없었던 시대에서 근대적인 의미의 우편제도가 탄생하기까지는 수천 년이라는 긴 세월이 걸렸다. 그리고 1800년대 말, 음성을 통한 최초의 쌍방향 통신 수단인 '전화'가 탄생했다. 전 세계를 아우르는 정보통신망으로서 전화는 인류의 편의를 한 차원 상승시켰다. 하지만 20세기에 등장한 인터넷은 그보다 훨씬 다양하고 막대한 일들을 가능하게 하며 인류의 통신 체계에 혁명을 일으켰다.

'정보의 바다', '인류 최고의 발명품'이라 불리는 인터넷이란 무엇인가. '인터(inter)'와 '네트워크(network)'를 합쳐서 만든 말인 '인터넷(internet)'은 일종의 통신망(network)이다. 그것도 이 세상에 존재하는 수많은 컴퓨터들이 서로 정보를 주고받을 수 있는, 전 세계적인 엄청난 규모의 통신망(global network)이다. 거미줄처럼 엉켜 있는 인터넷을 통해 내 컴퓨터와 세상 저 반대쪽 누군가의 책상 위에 있는 컴퓨터가 '연결'돼 있어 정보를 주고받는 커뮤니케이션을 할 수 있는 것이다.

내 컴퓨터와 옆집 컴퓨터는 모양도 기종도 다를 수 있다. 하물며 바다 건너편 누군가의 컴퓨터는 어떠하겠는가. 그렇다면 전 세계의 서로 다른 수많은 종류의 컴퓨터들이 어떻게 통신을 주고받을 수 있는 것일까.

해답은 프로토콜(protocol, 통신규약)에 있다. 미국 국방성에서 개발한 TCP/IP(Transmission Control Protocol/Internet Protocol)라고 불리는 프로토콜을 공통적으로 사용하기 때문에 오류 없이 정보의 교환이 가능한 것이다. 흔히 인터넷을 'TCP/IP라는 고리로 연결된 그물망' 혹은 'TCP/IP 프로토콜을 사용하는 네트워크들의 네트워크'라고 정의하는 이유는 이 때문이다.

인터넷은 전화망에 버금가는 거대한 세계적 정보 기반으로 자리 잡았다. 그에 따라 이제는 단순히 물리적인 네트워크만을 의미하는 것이 아니라, 인

'프로토콜'이란?

프로토콜이란, 컴퓨터끼리 정보를 주고받을 때의 통신 방법에 대한 규칙과 약속, 즉 통신 규약을 말한다. 즉 상호 간의 접속이나 절단 방식, 통신 방식, 주고받을 자료의 형식, 오류 검출 방식, 코드 변환 방식, 전송 속도 등에 대하여 정하는 모든 규약을 일컫는다. 일반적으로 기종이 다른 컴퓨터는 통신규약도 다르기 때문에, 기종이 다른 컴퓨터 간에 정보를 주고받으려면 표준 프로토콜을 설정하고 각각 이를 채택하여 통신망을 구축해야 한다. 인터넷에서 사용하고 있는 TCP/IP가 대표적인 표준 프로토콜의 예라고 할 수 있다.

터넷을 이용하는 사람들 사이의 관계를 맺어주는 매개체이자 수많은 정보들의 창고, 창조성을 발휘할 수 있는 가상공간(cyberspace)이 되었다.

지금까지 인류가 가졌던 가장 강력한 통신 수단이자 무한한 잠재력을 가진 매체라고 평가되는 인터넷. 그 특징을 요약하면 다음과 같다.

① 멀티미디어 정보의 실시간 교환 : 단순히 문자만이 아니라 음성, 그림, 동영상 등 멀티미디어 정보의 교환이 가능하며, 그 양 또한 무한대에 가까워지고 있다. 더구나 정보 전송 시간이 빨라 세계 어느 곳과도 실시간 통신이 가능하다.

② 쌍방향 환경의 네트워크 : 쌍방향 네트워크인 전화는 전통적으로 소리만을 전달하며, TV나 라디오는 방송국에서 우리 집으로 한 방향으로만 송신할 수 있다. 그러나 인터넷은 세계 반대편의 상대방과 서로 다양한 형태의 정보를 주고받는 쌍방향 환경을 제공한다.

③ 개방적인 세계 규모의 네트워크 : 전 세계의 그 어떤 컴퓨터나 네트워크와도 기종과 관계없이 연결해주는 '개방성(Openness)'을 제공한다. 또한 인터넷에 접속하기만 하면 물리적인 거리에 관계없이 누구와도 정보를 교환하고 물건도 팔 수 있는 지구촌 환경이 만들어진다.

④ 소유자나 운영자가 따로 없는 네트워크 : 인터넷의 기본적인 철학은 자유로운 정보의 공유와 표현에 있다. PC통신처럼 중심이 되어 모든 서비스를 제공하는 호스트 컴퓨터(host computer)도 없고 이를 관리하는 조직도 없는, 자유로운 네트워크가 바로 인터넷이다.

인터넷의 기원과 역사

거대하고 강력한 지구촌 네트워크인 오늘날의 인터넷을 만드는 일은 어떤 한 사람 혹은 어떤 한 기관이 단독으로 할 수 있는 일은 아니다. 다시 말하면, 셀 수 없이 많은 개인, 단체, 기관이 인터넷의 형성에 다함께 공헌했다는 말이기도 하다. 그중에서도 정보를 공유하고 싶다는 사용자의 욕구가 인터넷의 최대 기여자라는 것이 최근의 평가다.

비록 오늘날과 같은 인터넷으로 발전할 것이라는 예측은 못했겠지만, 인터넷의 기원은 1969년 연구 및 정보 자원의 공유를 위해서 미국 국방성이 만든 아르파넷(ARPANET, 흔히 알파넷이라고도 함)이라고 보는 것이 일반적이다. 긴급사태로 인하여 부분적으로 파괴되어도 정상적인 기능을 수행할 수 있는 통신망을 구축했던 것이 바로 아르파넷이다. 처음에는 군사적인 목적으로 만들어졌지만, 이 네트워크의 효율성을 인식한 과학자들이 이것을 확대, 발전시키고 TCP/IP 프로토콜을 채택하면서 그 후 일반인을 위한 아르파넷과 군사적 목적을 위한 밀넷(MILNET)으로 분리되었다.

1987년에는 미국 국립과학재단(NSF)도 TCP/IP 프로토콜을 사용하는 NSFNET이라는 새로운 통신망을 구축했다. 이는 미국 내 다섯 개의 슈퍼컴퓨터 센터를 연결하기 위해서 만든 것인데, 특히 대학에 문호를 개방하여 일반인들도 인터넷을 이용할 수 있는 계기를 마련하였고, 결국 아르파넷을 대신하여 인터넷의 기간망(backbone network) 역할을 담당하게 되었다.

이때부터 인터넷을 상품 광고나 상거래 매체로 이용하는 상업적인 수요가 증가하였다. 그러나 정부 지원으로 운영하는 NSFNET은 교육·연구용으로만 그 목적을 제한하고 있었기 때문에 이용에 한계가 있었다. 따라서 인터넷 사업자들은 1992년 따로 협회를 구성, CIX(Commercial Internet Exchange)라고 하는 새로운 기간망을 구축하여 상용 인터넷에 접속하게 되었다.

우리나라에서는 1994년 6월, KT(당시 한국전기통신공사)가 최초로 인터넷 상용 서비스를 시작했으며, 이후 수많은 인터넷 서비스 제공자(ISP; Internet Service Provider)들이 등장해 일반인들이 인터넷에 접속할 수 있는 상용 서비스를 제공하게 되었다.

인터넷을 그림으로 그려본다면?

인터넷은 어떻게 생겼을까. 인터넷은 컴퓨터나 자동차처럼 눈으로 볼 수 있는 무언가가 아니다. 그런데 2005년 1월, 배럿 라이언(Barrett Lyon)이라는 한 젊은이가 눈에 보이지 않는 인터넷 공간을 시각화했다. 동료들과 함께 정기적으로 인터넷 공간을 지도로 그려내는 프로젝트를 진행하고 있는 것이다. 그 결과 시각적으로 형상화된 인터넷은 극도로 복잡한 거미줄처럼 생겼다. 웅장하고 휘황찬란하지만 혼돈을 연상케 하기도 하는 인터넷의 모습은 어떻게 보면 우리를 감싸고 있는 우주의 모습과도 비슷하다.

이 인터넷 지도를 작성하는 데는 트레이스라우팅(tracerouting)이라는 기술이 이용되었다. 트레이스라우팅 기술이란, 네트워크로 뭉쳐진 컴퓨터들이 어떻게, 얼마나 연결돼 있는지 그 형태를 알아내는 방법으로, 이 기법을 이용하면 정확하지는 않지만 네트워크로 연결된 컴퓨터 간의 물리적 거리도 계산할 수 있다고 한다.

인터넷 지도 프로젝트를 진행하고 있는 배럿 라이언에 의하면, 인터넷 지도를 이용하면 어디에서 큰 일이 터지는지 금세 알 수 있다고 한다. 예를 들면 이라크 전쟁이 터지기 전날에는 그쪽 지역의 인터넷 지도가 극심한 혼돈의 양상을 보였을 뿐만 아니라, 전쟁의 진행 상황을 마치 현실을 보는 것처럼 인터넷 지도에서도 느낄 수 있었다는 것이다.

선과 점의 색깔이 여러 가지인 이유는 각 대륙별 네트워크의 소통을 각각 다른 색깔로 구분하고 '.net'이나 '.com', '.kr', '.org' 등의 1단계 도메인을 나누어 보여주기 때문이다.

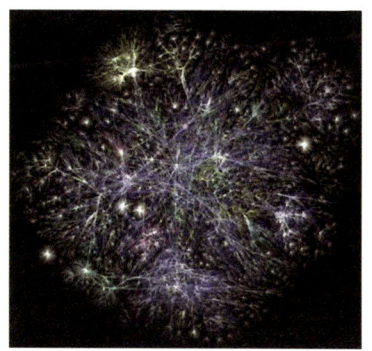

● 인터넷을 형상화한 지도. 마치 혼돈스런 우주의 모습을 연상케 한다.

03
PC통신과 인터넷

PC통신 시대

인터넷 시대인 지금은 사라지고 없지만, 1980년대 후반부터 1990년대 초반은 화려한 PC통신의 시대였다. 인터넷과 달리 주로 문자 정보 위주였던 PC통신은 PC통신 서비스 업체의 호스트 컴퓨터(또는 서버 server)에 접속하여 가입자끼리 정보를 교환하는 정보통신망이었다.

1986년, 한국데이타통신(현 데이콤)에서 전자우편 서비스를 개시했다. 우리나라 PC통신의 시작이었다. 곧이어 여러 곳의 정보 제공자들에게서 정보를 받아 이용자들이 검색할 수 있게 하는 데이터베이스 서비스(천리안Ⅱ)로 바뀌었다.

1988년 국민 보급형 PC가 등장하면서 PC통신은 본격적으로 탄력을 받게 된다. 또한 이때 천리안Ⅱ의 정보 제공자 중 하나였던 한국경제신문사도 케텔(KETEL)이라는 독자적인 PC통신망을 개발하면서 PC통신 시장에 뛰어들었다. 1991년 케텔이 한국PC통신에 매각되면서 한국PC통신이 운영하던 하이텔(HiTEL)과 통합되었고, 이때부터 천리안과 하이텔로 양분된 대형 PC통신망 체제가 시작되었다. 이후 나우누리, 유니텔, 네츠고 등 다양한 PC통신 서비스들이 등장했고, 2000년 중반에는 드디어 전체 PC통신 이용자 수가 1,000만 명을 넘어섰다.

PC통신에서 이용할 수 있었던 서비스는 '자료의 검색과 내려받기', '전자우편', '게시판', '동호회', '대화방' 등이었다. 특히 같은 목적을 가진 가입자끼리 정보를 교환하는 공간인 동호회와, 가입자들이 문자로 대화하는 대화방 등이 사용자들 사이에 인기를 끌었고, PC통신은 정보 교류, 오락의 대안으로 떠오르며 전성기를 구가했다.

추억의 PC통신 전용 단말기 (하이텔 전용 단말). KT는 1991년 서울, 부산 등 대도시에 하이텔 단말기 4만 5천여 대를 무료로 공급했다.

하지만 PC통신 서비스의 대부분은 전화선을 이용한 모뎀을 통해 제공되었기 때문에 속도가 매우 느렸다. 따라서 그림이나 소리 정보의 교환은 극히 제한되었고, 대개 문자로만 통신이 이루어졌다. 또한 직접 명령어를 입력해서 검색하거나 이동해야 한다는 불편함과 한계가 있었다.

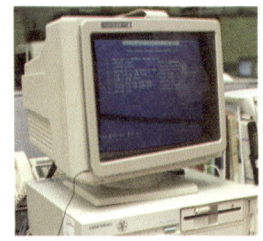

파란 바탕에 흰 글씨로 대변되던 PC통신 화면.

PC통신은 1995년부터 2000년까지 성장하다가, 2001년(가입자 1,710만 명) 이후 인터넷 포털 서비스에 대부분 흡수됐다. PC통신 시대를 마감하게 한 장본인은 바로 1997년에 등장한 초고속 인터넷이었다.

한국 최초의 인터넷 서비스, 코넷

클릭(click). 컴퓨터에서 마우스의 단추를 누름, 또는 그런 행위. 현대인은 하루에도 적게는 수십 번에서 많게는 수천 번씩 클릭을 한다. 인터넷이 보편화되면서 우리의 클릭 횟수는 기하급수적으로 늘어났고, 10여 년 전만 해도 생소했던 이 단어는 이제 국어사전에도 실릴 만큼 일반화되었다.

우리나라에서 최초의 인터넷 클릭이 있었던 것은 1994년 6월 20일, KT

가 국내 최초의 인터넷 서비스인 코넷(KORNET)의 상용화를 개시하면서였다. 사이버 세상이라는 신천지가 열리며 대한민국 인터넷 역사가 시작된 것도 이때다. '코넷'이란 '한국통신 인터넷'이라는 뜻, 즉 'KORea-telecom interNET'을 줄여서 만든 브랜드다.

코넷 이전에도 국내 인터넷의 시초라고 볼 수 있는 네트워크가 있었다. 1982년 서울대학교와 한국과학기술원의 전산망을 서로 연결한 학술망 SDN(System Development Network)이 그것이다. SDN은 이후 '하나망'이라는 이름으로 통합되는데, 1990년 하나망이 바다 건너 미국의 하와이 대학과 연결되면서 본격적인 의미의 인터넷 접속이 이루어졌다.

KT, 한국과학기술원(KAIST), 한국전자통신연구원(ETRI), 포항공대가 주축이 돼 협의체 형태로 유지되던 연구용 네트워크 하나망을 1992년 한국과학기술원에서 KT로 옮겨오면서, KT 내에 인터넷 구축과 운영에 대한 경험이 축적되기 시작했다. 이를 바탕으로 1994년 코넷이 탄생한 것이다. 전 세계 60개국 6만 3천 개에 이르는 컴퓨터들이 하나의 통신망으로 연결된 세계 최대의 통신망 인터넷에 접속하면서, 일반인들은 네트워크 세상에 첫발을 내디뎠다.

KT의 코넷에 이어 데이콤과 아이네트, 나우콤 등의 ISP(인터넷 서비스 제공자 또는 통신 사업자)들이 잇따라 인터넷 서비스를 상용화하였다. 이에 따라 우리나라 인터넷이 서서히 확산기에 들어가기 시작한 것이다.

PC통신과 인터넷의 가장 큰 차이점은?

PC통신은 인터넷처럼 모든 컴퓨터, 크고 작은 서버가 그물망처럼 연결된 방식이 아니라, 서비스를 제공하는 통신사를 중심으로 한 구조다. 즉 배타적으로 운영되는 것이다. PC통신에서는 하나의 통신사에서 제공하는 정보만을 얻을 수 있으며, 같은 정보망을 이용하는 사용자끼리만 정보를 교환할 수 있다. 이를테면 하이텔 사용자는 하이텔이 제공하는 정보만을 얻고, 하이텔 사용자와만 통신할 수 있는 것이다.

그러나 인터넷은 다르다. 인터넷에는 PC통신처럼 모든 서비스를 제공하는, 중심이 되는 호스트 컴퓨터도 없고, 이를 관리하는 조직도 없다. 같은 프로토콜을 쓰는 모든 컴퓨터, 모든 네트워크와 이어져 있는, 획기적인 차원의 정보통신망이 인터넷인 것이다.

다이얼 업(Dial-Up) 시대의 인터넷 시장

2005년 말 기준으로 우리나라는 전체 국민의 73%가 인터넷을 사용하고 있다. 그러나 인터넷 서비스가 상용화되기 시작했던 1994년 말의 인터넷 이용자는 13만 8천 명이었다. 속도도 지금의 100분의 1에도 미치지 못했다. 접속하는 데, 이메일 하나 보내는 데, 모니터에 그림 하나 띄우는 데만도 몇 분씩 참고 기다려야 했다.

과거 인터넷에 접속하는 방식은 두 가지였다. 전화 모뎀을 이용한 방식(일명 다이얼 업)과 기업용 전용 회선을 이용한 방식이 그것이다. 전화 다이얼을 누르는 소리에 이어지는 '삐-' 하는 연결음을 기억하시는가. 전화 모뎀을 통해 인터넷에 접속하는 일반인이라면 반드시 거쳐야 했던 과정이었다.

초창기 전화 모뎀을 이용한 방식의 경우 속도는 9.6Kbps에 불과했지만 요금은 한 달에 4만 원 정도 되었다. 기업용 전용 회선은 1.544Mbps(T1급) 회선을 사용하는 경우 월 400만 원에 이르는 사용료를 내야만 했다.

코넷의 초기 화면 중 하나였던 호랑이를 형상화한 한반도 지도가 뜨는 데만도 한참을 기다려야 했던 초창기. 더구나 전화 모뎀은 전화와 인터넷을 동시에 이용할 수 없다는 불편함도 있었다. 집 안의 누군가가 인터넷을 쓰고 있으면 전화는 통화 중 상태가 되어, 밖에서 전화를 걸던 사람이 집에 무슨 사고라도 났는지 걱정했다는 일화들도 집집마다 들려왔다.

초창기 노드가 구축되었던 KT 우면동 연구소. 10명의 운영요원들이 이 노드를 운용하였다.

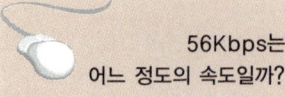

56Kbps는 어느 정도의 속도일까?

전송 속도를 나타내는 단위인 bps는 'bit per second'의 약자로, 초당 전송할 수 있는 비트의 수를 나타낸다. K=Kilo=1,000을 의미하므로, 1990년대 말 인터넷의 속도였던 56Kbps는 초당 5만 6천 개의 비트를 전송할 수 있는 속도를 뜻한다. 좀 더 알기 쉽게 환산해보면, 56Kbps는 1초에 원고지 17장에 이르는 정보를 전송할 수 있는 정도의 속도다. 참고로 ADSL은 최고 8Mbps를 낼 수 있으며, 이는 1초에 원고지 2,500장을 전송할 수 있는 속도다.

그럼에도 불구하고, 누군가와 이메일을 주고받고 내 방에서 외국의 주요 기관 사이트에 접속하여 정보를 볼 수 있는 인터넷은 분명 꿈 같은 기술의 진보였다. 전자우편은 물론 파일 전송과 전자 게시판 기능을 사용하고, 정치·경제·사회·문화·과학 등 모든 분야에 관한 데이터베이스를 이용하여 전 세계 인터넷 가입자 상호 간에 온라인 통신이 가능해진 것이다.

기술의 발달에 따라 전화 모뎀의 속도 또한 진화하여, 1995년에는 28.8Kbps였던 것이 1999년에는 56Kbps로 발전해갔다. 코넷 서비스가 개시됐던 1994년 초에는 KT 우면동 연구소에 단 하나 존재했던 노드(node, 통신망의 분기점이나 단말기의 접속점을 이르는 말로, 일종의 '인터넷 중계국'이다)도 그해 12월에는 전국 11개로 증설됐다.

초창기 노드 수 10개, 노드 간 회선 대역폭 DS1급(45Mbps)이던 코넷 서비스는 1995년 노드 수 13개, 대역폭 45Mbps, 1997년에는 노드 수 40개(주 노드 20개, 간이 노드 20개), 대역폭 155Mbps로 성장했고, 2004년에는 노드 수 100여 개, 대역폭 10Gbps급으로 성장했다.

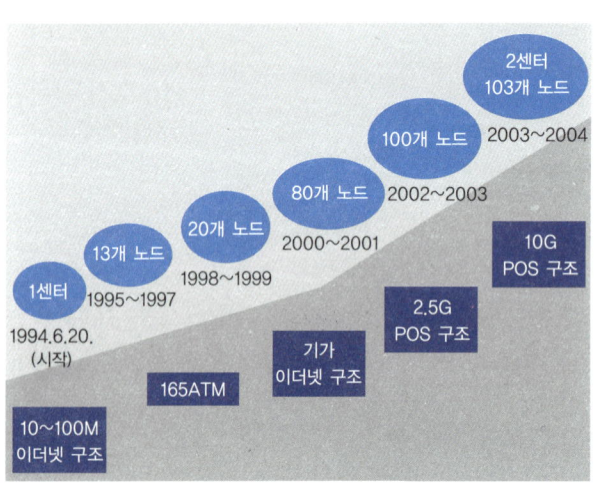

코넷 시설 규모와 속도 및 구조의 변천

국내 최초의 홈페이지와 인터넷 가입자

지금은 개인도 자신의 홈페이지를 구축해 가지고 있을 만큼 홈페이지가 일반화돼 있는데, 그렇다면 우리나라 최초의 홈페이지는 어떤 것이었을까. 바로 SDN 시절의 한국과학기술정보연구원(KISTI)의 홈페이지(http://www.kreonet.re.kr)다. 하지만 이는 인터넷이 상용화되기 전의 일이므로, 일반인에게 공개된 최초의 홈페이지는 코넷의 홈페이지(http://www.kornet.net)였다고 할 수 있다.

그렇다면 일반인으로서 우리나라 최초의 인터넷 사용자는 누구였을까. 코넷에서 일련번호 '0001'번으로 시작해 지금까지 인터넷을 써오고 있는 조용성 씨가 바로 그 주인공이다. IT업계에 종사하는 그는 외국 출장 때 만난 한 미국인이 "언제든지 연락하라"며 이메일 주소를 줬는데 그때 처음 본 '@'가 너무 신기해 인터넷을 시작하게 됐다고 한다. 12년간 눈부시게 발전한 우리나라 인터넷 역사와 함께한 산 증인이라 볼 수 있다.

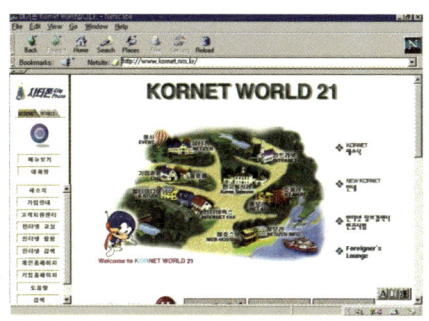 

●코넷 초창기 홈페이지(왼쪽)와 현재 홈페이지
●●국내 최초의 인터넷 가입자 조용성 씨

인터넷 초창기의 에피소드들

1994년 6월 20일, 국내 최초로 인터넷 서비스를 시작했을 때 코넷 운용요원은 겨우 10명에 불과했다. 사용자 또한 별로 많지 않았던 시절, 운용요원과 고객들은 가족처럼 지내며 컴맹 교육을 직접 나가기도 하고 인터넷을 가르쳐주기도 했다. 인터넷 서비스를 제공하는 이도, 사용하는 이도 모두 초보이다 보니 인터넷 강국의 위상을 자랑하는 지금으로서는 상상하기 어려운 일들로 함께 울고 웃었다.

■ 인터넷 개통해주러 갔다가 고객 컴퓨터를 망가뜨리기도……

코넷 상용화 초기에는 중계국 운용요원이 고객 집에 직접 찾아가 인터넷을 개통해주는 일이 많았다. 전화 사업을 하던 KT가 인터넷 사업을 한 지 얼마 되지 않다 보니 직원들 역시 인터넷이나 컴퓨터에 익숙하지 못했다. 개통 작업을 하다 고객의 컴퓨터를 망가뜨리거나 서버의 데이터베이스를 몽땅 날려버리는 실수를 하기도 했다. 식은 땀 나는 순간이 아닐 수 없었다.

■ 이용자도 인터넷 문외한이기는 마찬가지

한 중년 남자 고객은 컴맹이라며 KT에 매일 전화를 걸었다고 한다. 하루에도 20여 차례씩 두 달 동안 전화를 걸어 컴퓨터와 인터넷 사용법을 익혔던 경우다. 또 인터넷이 고장 났다고 신고해서 운용요원이 현장에 가보면, 모뎀 전원을 켜놓지도 않은 경우도 많았다고 한다. 국민 대다수가 인터넷 고수인 지금은 웃음이 나오는 일이다.

■ 고등학생 교육 중에 포르노 사이트가 뜨다니……

초창기 때 KT는 전 직원을 대상으로 컴퓨터와 인터넷 교육을 실시했다. 지점별로 직원 교육 프로그램을 운영하고, 학원비를 지원하기도 했으며, 사내 인터넷 경진대회를 열기도 했다. 동시에 일반인을 대상으로 하는 인터넷 교육도 실시했는데, 한번은 어느 고등학교에 교육을 나갔다가 아찔한 경우가 있었다고 한다. 정부기관이나 신문사 등 대표적인 홈페이지들을 보여주며 인터넷의 간단한 원리와 접속 방법에 대해 설명하던 중 실수로 포르노 사이트가 열려버린 것이다. 백악관 홈페이지에 들어가려다 순간적으로 '.org'가 아닌 '.com'을 치는 바람에 생긴 일이었다. 교장 선생님 이하 많은 교사들과 학생들이 지켜보는 가운데 교육장이 발칵 뒤집혔음은 물론이다.

● 제2회 전국 교사 인터넷 경진대회(2001. 12.)

●● 인터넷을 배우고 있는 초등학생들

■ 고객이 무서워! 가입자 폭증으로 민원 제기 땐 곤혹

종합정보통신망(ISDN)을 활용해서 인터넷 서비스를 제공하였지만 처음엔 순조롭지 못했다. 단말기 불량이나 ISDN 교환기 기능이 미흡해 고객에게 무지하게 시달렸다. 초기엔 주한 미군이나 외국인 고객이 다수 포함되어 있어 말도 안 되는 콩글리시로 하루에 수차례 응대해야 했다. 또 가입자는 폭증하는 반면 계속되는 시설 투자로 망 고장이 잦아 고객 민원이 끊이지 않았다. 특히 주가가 내리는 날 접속이 불안정하면 하루에도 몇 번씩 가슴을 쓸어내려야 했다.

■ 도메인 등록에 열심, 고객을 위해서라면 이 한 몸 바쳐……

전용 회선 가입이 증가하면서 인터넷 주소를 확보하려고 울고 다니던 시절도 있었다. 인터넷 주소가 부족해 가입자를 눈앞에 두고도 개통을 못 시켜 타사로 옮겨갔을 땐 마케팅 담당자의 원성을 들어야 했다. 같은 시간대에 등록한 동일 도메인 때문에 법정 송사에 휘

말릴 뻔하기도 했다. 어떻게 된 일인고 하니, 도메인을 등록할 때 수작업 반, 메일 접수 반으로 KRNIC(한국인터넷정보센터, 도메인 이름과 IP 주소 등 인터넷 주소를 관리하는 곳)에 등록하였기 때문에 승인을 얻기까지는 상당 시간이 소요됐던 것. 언젠가는 코넷 신청자와 다른 회사 가입자가 같은 도메인을 KRNIC에 접수하면서 몇 초 간격으로 접수가 늦어진 사건이 발생했다. 운용요원은 결국 가입자 회사를 찾아가 손이 발이 되도록 무릎 꿇고 빌어야 했다.

04 드디어 빛의 세계로!
초고속 인터넷

ISDN의 등장

1990년대 후반에 들어서면서 인터넷 사용자가 점차 늘어나고 트래픽(네트워크를 통해 움직이는 데이터의 양) 또한 증가했다. 이에 따라 전화 모뎀 사용자들 사이에서는 좀 더 빠른 속도에 대한 요구와 잦은 끊김 현상에 대한 불만이 점점 고개를 들고 있었다. ISP들은 이런 문제들을 해결하고 기존의 통신망과 설비를 뛰어넘을 수 있는 대책을 마련해야 할 시점에 와 있었다.

이때 대안으로 떠오른 것은 인터넷의 총아로 불렸던 ISDN 기술이었다. ISDN(Integrated Services Digital Network, 종합정보통신망)은 디지털화된 통신망을 이용하여 음성·문자·영상 등의 통신을 일원적으로 할 수 있도록 하는 통신 서비스를 말하는 것으로, 전화 모뎀 방식이 56Kbps의 속도를 낼 수 있는 데 비해 그 두 배인 128Kbps의 속도를 낼 수 있었다.

1996년, ISDN은 이미 시범 서비스를 끝낸 상태였다. 새로운 설비 도입에 따른 대규모 투자가 필요 없다는 점에서 ISDN은 가장 효과적이며 현실적인 대안으로 떠올랐다. 당시 ISDN은 영국, 프랑스, 독일 등 유럽 국가들과 특히 일본에서 폭발적인 주목을 받고 있었기 때문에 우리나라에서도 차세대 인터넷 서비스는 ISDN이 주도할 것으로 예상됐다.

N-ISDN의 부진과 B-ISDN의 부상

초창기 ISDN은 주로 음성이나 정지영상을 처리하는 수준에 불과하여 N-ISDN(Narrowband ISDN, 협대역종합정보통신망)이라 불렸다. 그러나 N-ISDN은 점차 다양화, 고속화, 고급화돼가는 사용자의 요구를 만족시키기에는 부족함이 있었다. 이에 기술자들은 동영상과 같은 고속·대용량의 멀티미디어 서비스를 주고받을 수 있는 차세대 통신망 B-ISDN(Broadband ISDN, 광대역종합정보통신망)을 연구하기 시작했다.

B-ISDN의 핵심 기술은 HD TV급의 고품질 영상 정보를 포함하여 음성, 데이터 등 다양한 정보의 유연한 전달을 가능하게 하는 ATM(Asynchronous Transfer Mode, 비동기식 전송 방식) 기술로서, 1980년대 중반에 제안되었다. ATM 기술은 53바이트의 셀을 기본 단위로 하여, 전달하고자 하는 정보를 셀에 담을 수 있는 고정된 크기로 잘라서 전송하는 방식이다. 데이터의 양과 종류에 따라 데이터를 쪼개서 일단 목적지에 보낸 후 다시 이를 짜 맞추는 방식으로 전송이 이루어지기 때문에 고속 데이터 전송이 가능할 수 있었다.

ISDN을 이용한 화상 전화(위)와 국제 영상 서비스 시범 제공 장면(1994. 12.)

기존의 N-ISDN이 일반 가입자에게는 144Kbps, 기업 가입자에게는 1.5~2Mbps의 속도를 기본으로 제공하였던 것에 비하여, B-ISDN은 광가입자망을 기본으로 155Mbps의 속도를 제공하는 것을 목표로 하였다.

1980년대 말 정보통신 분야의 패러다임이 음성 위주의 전화망에서 데이터 중심으로 전환되면서, 선진 각국은 B-ISDN 연구 개발을 추진하기 시작하였다. 국내에서도 1992년부터, G7 선진국 수준의 국제 경쟁력을 확보하여 2000년대 과학기술 분야 선진 7개국 수준에 진입하기 위한 전략으로 G7 프로젝트를 수립하였다. G7 프로젝트는 13개 분야에서 235개의 과제를 도출하였는데, 그중 정보산업 분야로는 HAN/B-ISDN 사업이 선정되었다.

이로써 B-ISDN 구축은 정부 주도의 'HAN(Highly Advanced National)/B-ISDN'이라는 대형 국책 프로젝트로서 추진되었다. HAN/B-ISDN 프로젝트는 국내 최초의 종합정보통신망(ISDN) 연구 개발 사업으로, 범정부 차원에서 정보화 사회를 조기 실현하고 정보통신 분야에서 세계적 수준의 기술력을 확보할 수 있도록 초고속 정보통신망 구축에 필요한 기술과 장비의 개발을 목표로 하였다.

1992년부터 연인원 1만여 명의 산학연 기술자들과 총 6,850여 억 원(정부가 910억 원, 민간이 5,940억 원)의 연구 개발비를 투입하여 2001년까지 10년간 추진된 HAN/B-ISDN 프로젝트. 이를 통해서 ATM 교환기뿐만 아니라 대용량 광전송 장치, 광대역 통신 단말 등 초고속 정보통신망 구축을 위한 기반 기술·시스템을 확보할 수 있었다.

HAN/B-ISDN 프로젝트를 통해 기반 기술들은 확보하였지만, 초고속 정보통신망을 구축해야 하는 사업자들의 고민은 투자비와 서비스였다. 특히 광가입자망의 투자는 막대한 투자비와 155Mbps급의 전송 속도를 활용할 응용 서비스의 부재로 인해 사업자들의 투자를 망설이게 하였다. 이러한 시기에 부상한 기술이 기존의 구리선을 이용해 초고속 전송이 가능한 ADSL(Asymmetric Digital Subscriber Line, 비대칭 디지털 가입자 회선) 기술이다. 이 기술을 활용해 비로소 적절한 투자비로 초고속 정보통신망을 구축할 수 있게 된 것이다.

　인터넷 서비스의 종착역이라 불리며 기대를 모았던 ISDN 기술은 결과적으로 아주 짧은 전성기를 누리게 된다. 얼마 지나지 않아 케이블 모뎀, 그리고 인터넷 시장의 판도를 완전히 뒤바꿔놓은 ADSL 기술이 본격적인 초고속 인터넷 시대를 열었기 때문이다. Kbps가 아닌 Mbps 단위의 속도를 가능케 하는 초고속 인터넷 기술이 마침내 등장하게 된 것이다.

초고속 정보통신망과 초고속 인터넷

다이얼 업 모뎀을 통한 56Kbps 통신이나 최고 128Kbps 속도의 N-ISDN으로 만족하지 못하고 고속의 인터넷 접속을 갈망했던 소비자들의 요구와, 고가의 광가입자망을 구축하지 않고도 고속의 통신 서비스를 제공하고 싶어 했던 사업자의 요구가 맞아떨어지면서, 기존의 전화선을 활용하여 수Mbps의 데이터를 송수신할 수 있는 ADSL 기술이 급부상하게 된다.

　그렇다면 이렇듯 많은 사람들이 그토록 갈망하는 초고속 인터넷이란 과연 무엇일까. 하루가 다르게 변화하는 통신 기술의 세상에서 초고속 인터넷에 대한 명확한 정의를 내리기란 간단한 일은 아니다. 케이블 모뎀이나 ADSL이 등장하기 전에는 ISDN이 이른바 초고속 인터넷으로 여겨졌다. 그러나 지금 ISDN을 초고속 인터넷이라 생각하는 사람은 없을 것이다.

　일반적으로 초고속 인터넷 서비스(영어로는 Broadband, 즉 광대역의 인터넷 접속 서비스라는 뜻)라 하면 최고 2Mbps 이상의 속도로 데이터의 송수신과 인터넷 접속을 제공하는 서비스를 말한다. 미국에서는 쌍방향 200Kbps 이상을, 일본에서는 하향 30Mbps까지를, 그리고 IT 분야의 국제기구인 ITU(International Telecommunication Union, 국제전기통신연합)는 T1급(약

1.5Mbps) 또는 E1급(약 2Mbps) 이상의 인터넷을 초고속 인터넷이라고 정의하고 있다.

초고속 인터넷의 망 구조

내 컴퓨터에서 다른 서버나 컴퓨터로 데이터가 오가는 길은 어떻게 생겼을까. 이미 많은 사람들이 ADSL, VDSL, FTTH 등의 초고속 인터넷을 사용하고 있지만, 실제로 네트워크는 눈에 보이지 않는 곳에 깔려 있어 알기 어렵다. 우선 초고속 인터넷망의 개략적인 구조를 알아보자.

그림에서 볼 수 있듯이 초고속 인터넷망은 크게 고객들의 인터넷 트래픽이 모이는 접속망과, 이렇게 모인 트래픽들이 흘러 다니는 기간망으로 나눌 수 있다.

접속망은 작은 개울들이 모여 큰 강이 되는 모습을 생각하면 된다. 내가 쓰는 인터넷이 VDSL, ADSL, FTTH 등으로 나뉘는 것은 이 접속망 구간에 적용된 기술 차이에 기인한다. 이는 고객과 인터넷 장비 사이에 어떤 데이터

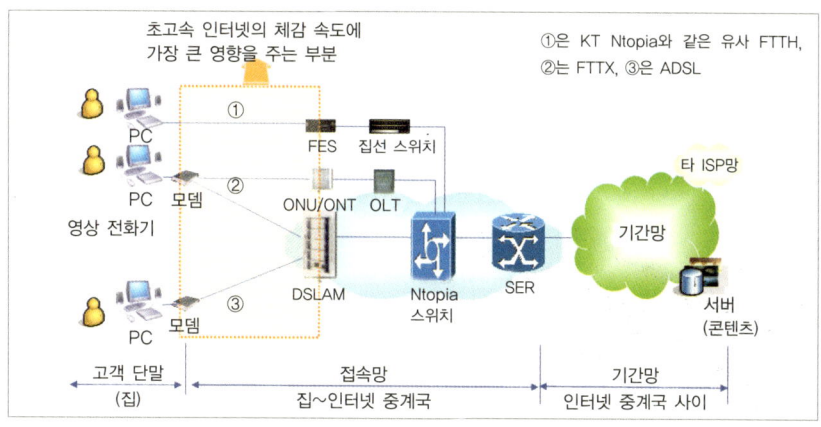

초고속 인터넷망 구성도

전송 방식을 사용하느냐에 따라 구분된다. 이렇게 모인 트래픽들은 각 주요 지역에 있는 인터넷 중계국을 통해 기간망으로 들어간다.

기간망은 접속망에 모인 트래픽들을 서버들이 모여 있는 서버 팜(Server Farm)이나 해외 또는 다른 망 사업자의 네트워크로 전달해준다. 우리나라 국토를 가로지르는 고속도로처럼 기간망도 주요 지역의 인터넷 중계국들을 빠른 속도로 연결한다.

초고속 인터넷의 유형

초고속 인터넷은 어떤 통신망과 장비를 쓰느냐에 따라 여러 가지 유형으로 나눌 수 있다. 우선 광케이블과 동축 케이블이 혼합된 형태인 HFC(Hybrid Fiber Coaxial, 광동축 혼합망)를 이용하는 케이블 모뎀 방식이 있고, 기존의 전화망인 구리선을 바탕으로 하는 xDSL 방식, 그리고 광케이블을 바탕으로 하는 x-PON, FTTH 등이 있으며, 신기술로는 최근에 상용화된 PLC(Power Line Communication, 전력선 통신)도 있다.

다양한 초고속 인터넷 기술 중에서 가장 많은 가입자들에게 제공되며 우리나라 초고속 인터넷 시장의 고속 성장을 이끌었던 대표적인 유형인 케이블 모뎀, ADSL, VDSL 방식을 좀 더 자세히 알아보자.

케이블 모뎀과 ONU 동축 케이블

① **케이블 모뎀 방식** | 1996년 미국 통신법 개정 이후, 미국 케이블 TV 사업자들은 기존 케이블 TV 네트워크에서 쌍방향 고속 데이터 서비스를 제공할 수 있는 방안을

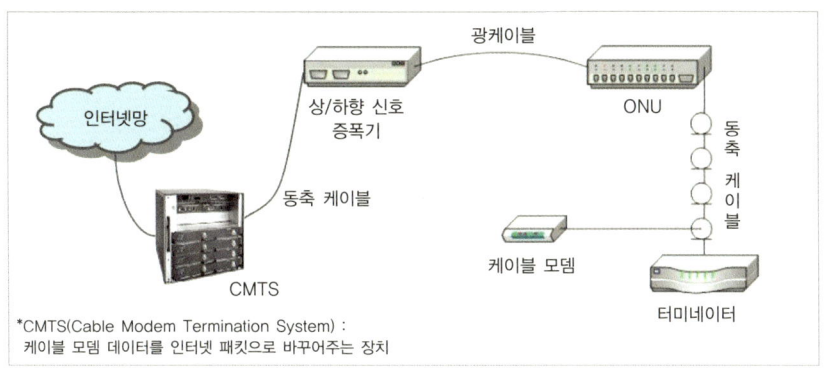

케이블 모뎀 방식의 망 구성도

연구하기 시작했다. 이러한 노력의 결과로 개발된 기술이 바로 케이블 모뎀이다. 케이블 TV가 널리 보급된 미국 등 북미 지역에서 특히 보급률이 높다.

케이블 모뎀 방식은 기본적으로 케이블 TV 전송을 위해 구축해놓은 동축 케이블망을 바탕으로 하여 부분적으로 광케이블이 이용되기 때문에 광동축 혼합망(HFC)이라고도 한다. 인터넷 서비스 제공자(ISP)나 케이블 TV 방송국(SO)에서 ONU(Optical Network Unit, 광케이블 종단 장치)까지는 광케이블을, ONU에서 가입자의 집까지는 동축 케이블을 이용하는 것이다.

케이블 모뎀 방식은 과거의 전화 모뎀 방식과는 달리, 별도의 ID나 접속 과정 없이 TV처럼 컴퓨터를 켬과 동시에 인터넷을 사용할 수 있다는 장점이 있다. 또한 전송 거리에 제약이 있는 xDSL 계열과는 달리, 인터넷 서비스 제공자나 케이블 TV 방송국과 가입자 사이의 거리가 서비스에 영향을 주지 않는다.

그러나 케이블 모뎀 방식은 공유 매체 방식이므로 대역폭을 네트워크 접속 사용자들과 공유한다. 따라서 같은 지역의 가입자들이 한꺼번에 인터넷에 접속을 시도하게 되면 실제 사용자들이 얻을 수 있는 대역폭은 xDSL보다 낮아지는 경우가 발생한다는 것이 단점이다.

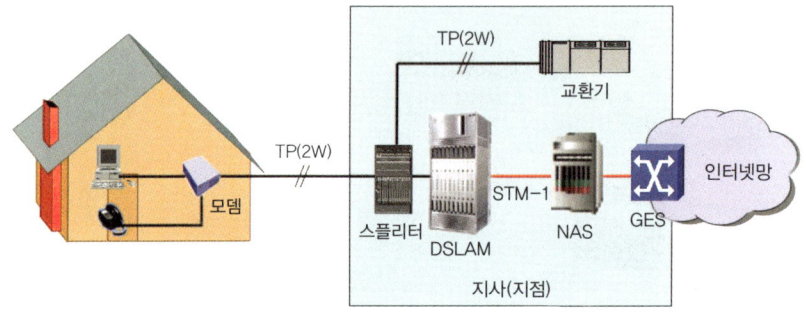

*NAS(Network Access Server) : ATM 신호를 IP 신호로 변환, 가입자 아이디/패스워드 인증, IP주소 할당
*GES(Gigabit Ethernet Switch) : 1Gbps로 데이터를 송수신하는 랜(LAN) 스위치

ADSL 방식의 망 구성도

② **ADSL 방식** | ADSL과 VDSL은 크게 보면 모두 xDSL(x Digital Subscriber Line)에 속하는 전송 방식이다. xDSL은 전화선을 이용해 초고속 인터넷을 하는 여러 종류의 디지털 가입자 회선을 통틀어 일컫는 말로, 우리가 잘 알고 있는 ADSL, VDSL을 비롯해 DSL, HDSL(High-bit-rate DSL), SDSL(Symmetric DSL) 등이 여기에 속한다.

그 가운데 최초는 바로 1988년 미국의 벨코어 사(社)가 VOD(Video On Demand, 주문형 비디오) 서비스를 위해 개발한 ADSL(Asymmetric Digital Subscriber Line, 비대칭 디지털 가입자 회선) 방식이다. 기존의 전화망을 이용하여, 네트워크에서 가입자로 하향(다운로드) 데이터 전송은 고속으로, 가입자에서 네트워크로 상향(업로드) 데이터 전송은 저속으로 제공한다. 하향과 상향 속도가 다르기 때문에 '비대칭'이라 불리는 것이다. ADSL은 구리선인 기존의 전화선을 이용하기 때문에 전화망 사업자들이 초고속 인터넷 서비스를 제공하는 데 핵심 기술이 되었다.

전화국에서 집까지는 구리선인 전화망이 연결돼 있으며, 그 사이사이에 스플리터(Splitter, 분리기)가 있어 음성과 데이터를 분리한다. 또한 전화국에 설치된 DSLAM(Digital Subscriber Line Access Multiplexer, 디지털 가입자 회선 접속 다중화기)이라는 장비를 통해, 수많은 가입자들의 모뎀에서 송수신되는 데이터를 모아 기간망으로 보내준다.

부분적으로 광케이블을 사용하는 광ADSL의 경우에는 DSLAM이 전화국이 아닌 대규모 아파트 단지 또는 빌딩의 구내 통신실에 설치되기도 한다. 하나로텔레콤은 전국 단위의 전화국 시설을 보유하고 있지 않기 때문에 초기에 광ADSL 방식을 채택하여 아파트 단지와 큰 빌딩만을 대상으로 사업이 가능했던 반면, 전화국 시설을 보유한 KT는 일반 주택을 포함한 모든 가입자들에게 ADSL 서비스를 제공할 수 있었다.

ADSL의 장점은 우선 기존의 전화 모뎀과 달리 음성 통화와 동시 사용이 가능하다는 것이다. 기존의 전화 모뎀은 음성 통신과 같은 0~4Khz 주파수 대역을 사용했기 때문에 전화와 인터넷을 동시에 사용하지 못했다. 그러나 ADSL은 음성과 다른 주파수 대역(100Khz~1.1Mhz)을 쓰기 때문에 전화와 인터넷의 동시 사용이 가능해진 것이다.

ADSL은 상향보다 하향 데이터 전송 속도가 더 빠르다. 따라서 정보 검색이나 대량 데이터를 다운로드받는 서비스, VOD 등에서 가장 효과적인 성능을 발휘한다. 바로 이러한 장점들 덕분에 ADSL은 '구리를 황금으로 만드는 기술'이라는 별칭을 얻을 수 있었다.

그러나 가장 큰 단점은 전송 속도가 사용자와 전화국 사이의 거리에 의존된다는 것이다. 이것은 ADSL이 매우 높은 주파수 영역까지 이용하고 있어, 거리에 따른 신호의 손실이 크기 때문이다. 또한 상대적으로 느린 상향 속도는 화상 회의나 원격 진료 같은 대칭형 서비스에서 약점을 나타낸다.

③ **VDSL 방식** | 우리말로 '초고속 디지털 가입자 회선'이라 부를 수 있는

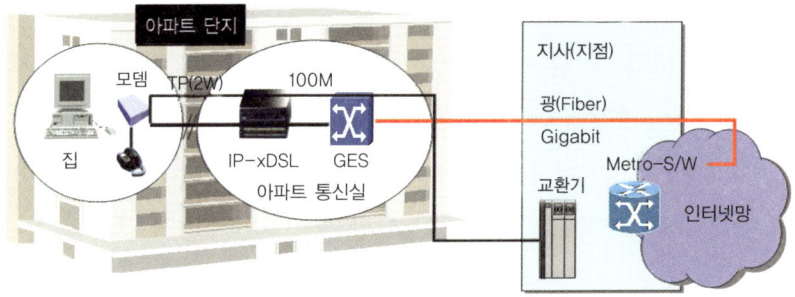

VDSL 방식의 망 구성도

VDSL(Very high-data rate Digital Subscriber Line)은 1994년부터 북미 표준화 단체(ANSI)와 유럽 표준화 단체(ETSI)에서 표준화 작업에 대한 논의가 시작됐다.

기존의 전화선을 이용해 쌍방향 모두 빠른 속도로 데이터 전송이 가능하고, 많은 양의 데이터도 초고속으로 전송할 수 있기 때문에, FTTH(Fiber To The Home, 광섬유의 가정화)로 가기 전 구리선 활용의 최종 단계로 평가되는 기술이다.

VDSL은 약 300m~1.5km 정도의 전송 거리에서 138Khz~12Mhz의 주파수 대역을 사용하며, 대칭 서비스의 경우 최대 26Mbps의 속도로 쌍방향 전송이 가능하다. 최근에는 쌍방향 100Mbps까지도 가능한 기술이 개발되었다.

VDSL의 기본적인 구성은 ADSL과 비슷하지만, 전송 거리가 짧기 때문에 가입자 집 근처까지 광케이블을 설치한 다음 전화선을 통해 집 안으로 분기시켜주는 형태로 서비스를 제공한다.

VDSL은 우리나라의 경우 2000년 1월 처음으로 개발되어 2002년 상용화되기 시작했으며, 이후 초고속 인터넷 사업자들 간의 극심한 속도 경쟁으로 도입이 확산되면서 ADSL을 대체하게 된다. 특히 VDSL은 인터넷 방송과 VOD 원격 교육, 고화질 TV 등 대용량의 멀티미디어 서비스가 가능하고 콘

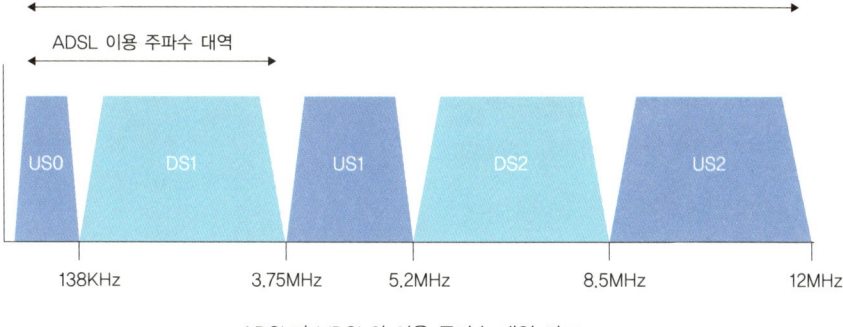

ADSL과 VDSL의 이용 주파수 대역 비교

텐츠 사업자들의 수익 모델에도 적합하기 때문에, ADSL 이후 각광받는 초고속 인터넷 접속 기술로 떠올랐다.

그렇다면 VDSL이 어떻게 ADSL보다 빠른 전송 속도를 제공할 수 있는 것일까. 그것은 VDSL이 ADSL보다 넓은 주파수 대역폭을 사용하여 신호를 변조하기 때문이다. VDSL에서는 QAM(Quadrature Amplitude Modulation, 직교 진폭 변조)이나 DMT(Discrete Multi-Tone modulation, 다중 반송 변조)로 신호를 변조한다. VDSL에서부터 사용한 QAM의 경우, 진폭과 위상의 조합을 이용하여(4/8/16/32/64/128/256-QAM) 한 개의 반송파(Carrier, 정보를 실을 수 있는 전파를 말함)를 가지고도 다수의 정보를 표현하기 때문에 많은 정보를 전송할 수 있다. 그리고 DMT의 경우는 ADSL에서도 사용한 변조 방식인데, ADSL에서는 256개의 부가 반송파(sub-carrier, 반송파를 여러 개로 나눈 것 중 하나)를 사용했으나 VDSL부터는 512~4,096개로 부가 반송파 수를 늘려 더욱 빠르게 정보를 전송할 수 있다.

④ **기타** | 최근에는 광풍(光風)이라 할 정도로 광랜 등 100Mbps급 초고속 인터넷 서비스 구현을 위한 기술 경쟁이 뜨거워지고 있다. 꿈의 속도라고 할

수 있는 100Mbps를 위한 기술은 망의 종류에 따라 VDSL, 능동형 광네트워크(AON; Active Optical Network), 수동형 광네트워크(PON; Passive Optical Network), 이더넷(Ethernet, 보통 'LAN'이라 불림) 등이 있으며, 현재는 이 기술들을 중심으로 가입자망이 구축되고 있다.

지금까지 과거 모뎀 시절을 거쳐, ISDN 시대를 지나 초고속 인터넷이 등장하기까지의 여정을 되돌아보았다. 이제는 우리나라 대부분의 가정에 필수품으로 확고히 자리 잡은 초고속 인터넷. 제2부에서는 한국의 초고속 인터넷이 세계적인 신화로 거듭나게 되기까지의 주요 과정들을 상세히 알아보도록 하자.

커뮤니티의 원조, KIDS

KT는 ISDN을 추진하면서 새로운 서비스의 하나로 시범 가입자들에게 64Kbps의 속도로 인터넷을 접속할 수 있도록 하였다. 당시 ISDN 시범 가입자들에게 제공된 서비스는 KIDS(Korea ISDN Data Service)라는, 한국 최초의 인터넷 BBS(Bulletin Board System, 게시판)였다.

당시만 해도 한국 사람들이 모이는 인터넷 커뮤니티로는 'soc.culture.korean'이라는 유즈넷(전자 게시판의 일종으로 특정 주제나 관심사에 대해 의견을 게시하거나 관련 자료를 등록할 수 있는 전 세계적인 토론 시스템) 그룹이 유일했었다. 그러다 일반 PC통신 서비스와 유사하면서도 인터넷 접속이 가능한 KIDS가 출현하자 전 세계 한인 인터넷 사용자들의 커뮤니티로 큰 인기를 끌었다.

KT의 ISDN 응용 서비스로 시작한 KIDS는 'Korea Internet Dream Space'로 의미를 바꾸어 최초의 한인 인터넷 커뮤니티로서 확실한 자리매김을 하였다. 운용은 KT에서 했지만 처음부터 '열린 자유 공간'의 개념을 바탕으로 누구나 자율적인 분위기에서 참여할 수 있는 문화를 지향하였다. 제한된 사용자 수(2만 4천 명) 때문에 ID를 얻는 것이 쉽지 않았던 터라 ID가 없어도 'guest'라는 계정으로 글을 읽고 쓸 수 있게 하였고, 또 ID를 공개하지 않고 무명으로 글을 쓸 수 있는 익명 게시판(anonymous)도 생겼다. 이러한 것들은 KIDS의 독특한 문화로 시작되어 인터넷 커뮤니티와 PC통신에 보급된 것들이다.

KIDS는 자체 내의 커뮤니티 기능과 함께 외부 인터넷 접속과 PC통신 접속, 그리고 ISDN이나 모뎀을 통한 접속이 가능해, 다양한 네트워크를 통해 많은 사람들이 통신을 즐길 수 있는 '통신 허브'의 모델을 제공하였다. 특히 전 세계 한인 유학생들에게는 서로 통신을 하면서 위안을 삼을 수 있는 곳이었기에 주요 대학별 게시판이 별도로 존재하기도 했다. 당시 인터넷 접속이 가능한 이들은 주로 국내외 석박사 과정에 있는 한인 대학원생들이었고, 이들을 중심으로 커뮤니티가 형성되면서 자연스럽게 독특한 커뮤니티 문화도

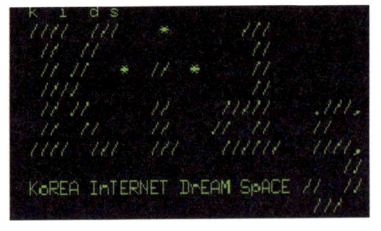

형성될 수 있었다.

KIDS에서 배우자를 만난 사람들, KIDS 때문에 인터넷 쪽으로 전공을 바꾼 사람들, KIDS를 통해 특정 분야에서 최고가 된 사람들, KIDS 때문에 밤새 토크(Talk)나 채트(Chat)를 하느라 'KIDS 폐인'이 될 뻔한 사람들 등 KIDS는 인터넷 초기에 다양한 에피소드를 만들어내는 곳이었다.

한국에서 인터넷이 일반화되기 전에 인터넷을 사용한 사람이라면 대부분 KIDS에서 활동했거나 아니면 'guest'로 접속해 글을 읽은 기억이 있을 것이다. 오늘날 인터넷에서 두각을 보이는 사람들 중에는 KIDS의 회원으로 활발한 활동을 했던 사람들이 많은 것도 우연이 아니다. 현란한 인터페이스의 웹을 통한 커뮤니티가 대부분인 현재까지도 KIDS는 텔넷 접속(telnet://kids.kornet.net)을 통해 유지되고 있다(물론 웹으로도 http://kids.kornet.net으로 접속해서 글을 읽을 수는 있다).

1991년에 KIDS가 출범하였으니 벌써 15년이 흘렀고, 그때 대학원생이었던 회원들은 중년이 되어 사회 곳곳에서 중요한 역할을 담당하고 있다. KIDS가 다음(Daum)이나 네이버(Naver)같은 인터넷 커뮤니티와 포털로 발전하지는 못했지만, 한국 인터넷 태동기에 한인 최초의 커뮤니티로서 인터넷 보급과 새로운 문화 형성에 나름대로의 큰 역할을 한 것은 사실이다.

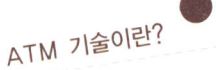

ATM 기술이란?

ATM은 초고속으로 대용량 정보를 처리할 수 있도록 개발된 교환 기술로, 기존 교환기의 동기식(同期式) 전송 방식과 패킷(packet, 데이터 묶음) 교환 방식의 장점을 함께 살려 기존 전화 회선으로도 음성, 데이터, 동영상을 동시에 전송할 수 있는 기술이다. 보통 비동기(非同期) 전송이라 하면 보내는 메시지에 처음과 끝을 표시하는 비트를 넣고 송신하는 것을 일컫는데, 패킷의 길이가 가변적이므로 패킷 길이를 결정하기 위해 모든 패킷을 읽느라 많은 시간이 소요되어 속도가 느리다는 단점이 있다. 이에 반해 ATM은 '셀'이라고 하는 일정한 길이의 패킷 규격으로 송신하므로 빠르게 처리할 수 있다.

예를 들어 김씨에게 책 1,000권이 든 거대한 소포를 보내야 한다고 생각해보자. 크고 무거운 소포는 운송 방식에 제약이 많고, 따라서 운송 시간도 오래 걸린다. 그렇다면 이 책들을 40~50권씩 나누어 포장해 소포마다 따로 김씨의 주소를 적어 보내면 어떨까. 결과적으로 김씨에게 여전히 1,000권의 책을 보낼 수 있으면서도 운송이 훨씬 쉽고 빨라지게 된다.

기술적인 측면에서 보면, 기존의 일반 전화망이 '회선 교환 방식'이었다면 ATM은 '하드웨어에 의한 패킷 교환 방식'이라고 할 수 있다. 기존의 회선 교환 방식에서는 통신망의 자원이 각 사용자에게 일정한 시간 동안 고정적으로 할당돼, 사용자가 이용할 수 있는 대역폭도 일정량으로 고정돼 있었다. 반면 ATM은 통신망의 자원을 유동적으로 할당하는 패킷 교환 방식임에도 실시간 이용이 가능하고, 교환과 전송이 하드웨어에 의해 이루어지므로 고속화가 쉽다는 장점을 가지고 있다.

초고속 국가망

1990년대 초반 전 세계의 산업 트렌드 중 하나는 정보통신산업 분야의 비약적인 성장이었다. 국가 경제에서 통신 부문은 사회 간접 자본의 한 부분으로서 방대한 규모의 투자가 필요하였고, 그에 따른 생산 효과뿐 아니라 기타 경제·사회 분야에 미치는 영향력이 매우 큰 부문으로 인식되었다. 따라서 2000년대의 국가 산업을 올바르게 이끌기 위해서는 정보를 신속하고 효율적으로 이용할 수 있게 하는 정보통신망의 구축이 필수 불가결한 상황이었으며, 이에 정부에서는 초고속 국가망 사업을 추진하게 된다.

HAN/B-ISDN 프로젝트의 대표적 결과물인 ATM 교환기는 초고속 국가망의 핵심 장비로, 초고속 정보통신 서비스의 기반이 되었다. 또한 ATM 기술과 관련 장비, 그리고 개발

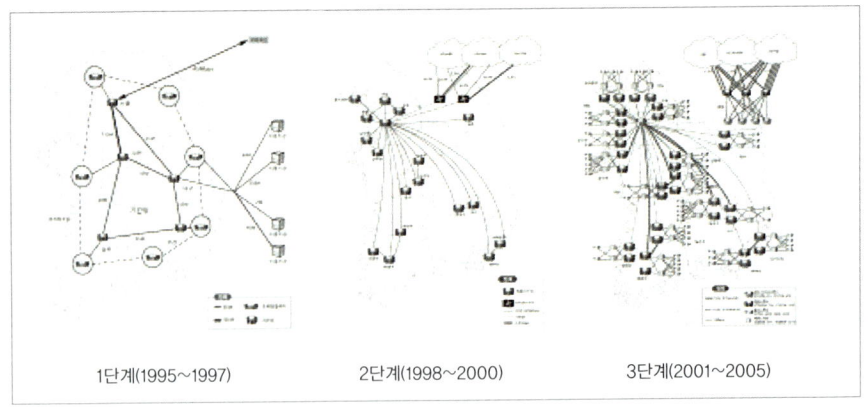

● 초고속 국가망 중 인터넷 기간망의 발전 모습(『초고속 국가망 사업의 발자취』, 한국전산원, 2006. 1.)

인력 양성은 우리나라가 IT 강국으로 부상하는 데 많은 기여를 한 것으로 평가받고 있다(2006년 1월 한국전산원의 『초고속 국가망 사업의 발자취』에 따르면, KT에서만 24개의 벤처 회사를 육성하였고, 한국전자통신연구원에서는 더 많은 인력을 배출하였다. 한편 과학기술부가 2001년 1월에 낸 보고서에서는 약 2만 1천여 명의 인력 양성 효과가 있었음을 밝히고 있다).

1993년 4월, 정보통신부(당시 체신부), 한국전산원, 정보통신정책연구원, 한국전자통신연구원, KT, 데이콤으로 구성된 '실무 추진 전담반'은 초고속 정보통신망 구축을 위한 개념 정립과 기본 계획에 대한 초안을 작성하고, 그해 8월 정보통신부와 관련 부처와의 협의를 거쳐 기본 계획을 발표하였다. 이어 초고속 정보통신망 구축 계획 수립 전담반을 구성하고, 기술 분야별 개발과 시험망 구축 계획, 연구 분과 활동 등에 대해 각계 전문가들의 검토를 거쳐 11월에는 초고속 정보통신망 구축 기본 계획을 수립하였다.

이를 토대로 지난 1995년부터 2005년까지 11년간 초고속 국가망 사업이 추진되었다. 정부와 공공기관이 정보통신망 고도화를 위해 추진한 이 대형 국책 사업은 당초 2015년 완료 계획이었으나 10년 앞당겨 2005년 말 완료됐다.

초고속 국가망 사업은 우리나라 공공 부문의 정보화 수준을 한 단계 업그레이드시키고, 지식정보화 사회의 진입을 앞당기는 기폭제 역할을 한 것으로 평가받고 있다. 정부는 이 사업에 8천여 억 원을 투입, 3만 2천여 곳의 공공기관이 이 망을 이용해 핵심 업무를 수행

해왔다.

『초고속 국가망 사업의 발자취』에 따르면, 초고속 국가망 사업은 이용 기관의 통신비 절감 3조 39억 원, 전자정부 기여도 1조 원 등 총 4조 원에 이르는 경제적인 효과를 가져다준 것으로 평가됐다. 특히 정보통신산업 성장이라는 목표에 따른 정부 정책 기여 효과와 사회경제적 파급 효과에 따른 가치도 약 2조 원에 이르는 것으로 추정됐다. 이와 함께 공공기관의 업무 효율성 향상은 물론 국민의 경제적 편익을 가져왔으며, 1만 2천여 명의 고용 창출도 이끌어낸 것으로 나타났다.

초고속 국가망은 처음 서비스된 1996년 1Gbps의 대역폭에서 2005년 말 156.5Gbps로 10년간 약 156배 증가해, 지난 10년 동안 우리나라의 정보통신 인프라가 가파르게 향상했음을 알 수 있게 해준다. 이 망은 특히 행정자치부 전자민원 서비스(G4C), 국세청 홈택스 시스템, 조달청 전자조달(G2B) 시스템 등의 전자정부 서비스를 가능케 하는 기간망으로도 큰 기여를 한 것으로 평가된다.

초고속 국가망을 기반으로 우리나라는 전체 가구의 83% 이상이 초고속 인터넷 서비스를 이용할 수 있게 되었고, 전자정부 준비 지수 및 e-러닝 준비도 세계 5위 국가로 자리 잡는 등 세계적인 IT 선진국으로 부상하는 성과를 거뒀다.

영상 압축 기술

B-ISDN 연구와 더불어 영상 정보(음성에 비해 1,000배 이상의 대역폭을 필요로 한다)를 효과적으로 전달할 수 있는 압축 기술, 전달 방식, 망 구조 등에 대한 연구도 전 세계적으로 함께 이루어졌다. 그렇다면 통신에서 영상 압축 기술은 왜 필요한 것일까.

디지털 비디오의 NTSC(미국의 TV방송규격심의회에서 제정한 컬러 TV의 한 방식으로 미국, 캐나다, 한국, 일본 등에서 사용하고 있다)의 표준 프레임은 720×480픽셀의 사진을 초당 30장(프레임) 사용하며, 이것을 데이터로 환산하면 약 31MB이다. 1초에 31MB이니 한 시간짜리 동영상은 112GB가 된다. 동영상을 압축하지 않고 인터넷에 배포하게 되면 업로드하는 데도 엄청난 시간이 걸리고, 엄청난 양의 저장 공간이 필요하게 되며, 다운로드받는 사람들도 엄청난 시간을 기다려야 할 것이다. 여기서 압축 기술의 필요성이 대두되기 시작했다.

영상 압축 기술을 위한 연구가 진행되던 1988년, 이 분야의 전문가들은 MPEG(Moving Picture Experts Group)이라는 단체를 결성하고 세계적인 표준을 주도하기 시작하였다. MPEG은 압축률이 높으면서도 속도가 빠르고 화질도 크게 떨어지지 않아 현재까지도 가장 많이 사용되는 동영상 표준이다. MPEG은 크게 다음의 두 가지 원리에 의해 작동한다.

첫 번째는 '공간적 유사성'이다. 동영상의 장면 장면을 구성하는 스틸사진에는 부분 부분 서로 비슷한 색상이 모여 있다. 이러한 특성을 이용하여 대략 10배 이상 데이터양을 압축시켜주는 기술이 JPEG(Joint Photographic Experts Group)인데, MPEG에서도 JPEG 기술이 그대로 쓰이게 된다. 이를 통해 각 프레임들은 1차적으로 압축 과정을 거친다.

다음으로는 '시간적 유사성'이다. 1초 안에 수십 장의 연속되는 정지영상이 지나가면, 사람의 눈은 착시 현상으로 인해 사물이 움직이고 있다고 느끼게 된다. 그런데 각 프레임들 사이는 아주 짧은 시간 간격이기 때문에, 사물이 이동한 위치만 약간 다를 뿐 배경이나 색상은 거의 비슷하다. 따라서 모든 장면들을 별도로 저장하는 것이 아니라, 첫 번째 스틸사진만 JPEG으로 압축하고 두 번째 사진부터는 사물이 어디로 이동했는지에 대한 정보만 저장하도록 한다면 데이터양이 엄청나게 줄어들 것이다. 이렇게 사물이 x축, y축으로 얼마만큼 이동했는지에 대한 정보를 '모션 벡터(Motion Vector)'라 하는데, 이것이 MPEG의 핵심이다.

MPEG 그룹에서 도출된 최초의 규격이 1991년에 제정된 MPEG-1이다. MPEG-1 규격은 VHS 테이프 수준의 동영상을 최대 1.5Mbps로 압축 저장할 수 있는 규격이다. 이후 1994년에는 HD TV 등의 고품질 영상을 디지털화하기 위한 MPEG-2 규격이, 1998년에는 멀티미디어 통신을 위하여 압축률을 현저히 개선한 MPEG-4 규격이 제정되었다.

2부
–
꿈의 초고속 인터넷 프로젝트, 그 신화의 순간들

05 초고속 인터넷 시대의 개막

철저한 준비로 무장한 전야제

ADSL이 국내에서 일반인들에게 처음 선보이게 된 것은 다이얼 업과 PC통신이 일반화되어 있던 1997년 9월의 일이다. 정보통신부 주관으로 1995년부터 3년간 추진된 '정보화 시범 지역 사업'의 일환으로, KT는 대전에 살고 있는 50명의 가입자들에게 새로운 고속 인터넷 서비스를 소개한다. ADSL 시범망을 통해 가입자들은 웹서핑과 더불어 영화, 교육, 신문 등의 콘텐츠를 이용하고, 영상 회의나 원격 근무 서비스를 경험할 수 있었다. 이후 1997년 말에는 부산 연산 지역에 살고 있는 96명의 가입자들을 대상으로 ADSL 2차 시범 서비스가, 또 1998년 10월부터는 부산과 서울 지역을 중심으로 3개월 동안 1,000여 명의 가입자들에게 시범 서비스가 제공되었다.

ISDN의 구축과 서비스 실현에 들떠 있을 무렵 KT의 통신망연구소 연구원들은, 기존 전화망을 이용해 8Mbps급의 전송을 실현하는 ADSL이라는 새로운 기술에 주목하게 한다. ADSL은 1988년 미국의 벨코어 사(社)가 주문형 비디오(VOD) 상용화를 위해 개발한 것으로, 당시 기술은 개발돼 있었으나 상용화가 되지는 않은 상태였다. 기존의 전화선을 바탕으로 시내전화와 초고속 인터넷 두 가지를 동시에 할 수 있다는 것이 ADSL의 가장 큰 매력이었다.

세계 어디서도 상용화되었다는 기록이 없는 기술인 ADSL을 도입하기 위해 이들은 우선 서울과 대전, 부산의 일부 지역에 시범적으로 적용하기로 결정하고, 추후 상용화시 발생할 수 있는 문제점들을 도출하고 해결해 나가기로 한 것이다. 하지만 애석하게도, ISDN만으로도 인터넷 환경 지원에 충분하다는 의견이 지배적이었기 때문에 KT 내부의 반발이 적지 않았다. 그러나 이미 ADSL에 확신을 가지고 있었던 이들은 주위의 반대에도 아랑곳하지 않고 당시로는 블랙박스인 ADSL 기술을 이리 헤집고 저리 뒤지며 기술적인 문제점들을 하나하나씩 풀기 시작했다.

ADSL은 기존 전화선을 그대로 사용하면서도 고속의 데이터를 전송해야 하기 때문에, 전화선의 구축 환경이나 운용 상태에 따른 예상 문제점을 도출하고 국내 환경에 적합한 운용 방식을 찾기 위해 사전에 적용성을 검증하는 문제가 가장 중요한 선결 과제였다. 이를 위해 연구원들은 가가호호 직접 방문하면서 여러 달 동안 현장 환경 분석을 실시하였다. 때로는 잡상인으로 취급당해 문전박대를 당하기도 했고, 좁고 협소한 구내 통신실에서 움직이느라 바지가 찢어지기도 하는 등 고생이 이만저만이 아니었다.

KT는 이들 시범 사업을 통해 망 운용, 유지 보수, 장애시 대처 능력, 트래픽 분석 기법 등 ADSL 구축과 운용에 필요한 노하우들을 비롯해 안정적 사업화를 위한 다양한 기술 기반을 축적할 수 있게 되었다. 그리고 지금이야 새로 짓는 건물들의 대부분이 정보통신부에서 제시하는 기준에 맞춰 구내 통신 설비를 갖추고 있지만, ADSL 시범 서비스 당시에는 품질 저하의 최대 요인이 바로 구내 선로일 정도로 건물 내 통신 환경은 극도로 열악했다. 하지만 건물의 구내 통신 환경에 대해서는 정보통신부나 통신 사업자나 모두

손을 쓸 수 없기는 마찬가지였다. 이후 KT는 지속적으로 건설교통부에 건의를 하였고, 드디어 1999년에 '초고속정보통신건물 인증 제도'라는 것이 제정되었다. 이것은 초고속 정보통신 서비스를 충분히 수용할 수 있는 구내 설비를 갖춘 건축물에 대해 인증해주는 제도로서, 배선과 배관, 통신실 환경 등 구내 기반 시설의 정도에 따라 특등급과 1, 2, 3등급으로 구분한다. 이후 이 기준은 새로 짓는 건물들의 필수 요건이 되었고, 이는 결과적으로 우리나라가 초고속 인터넷을 단기간 내에 안정적으로 확산시킬 수 있었던 기반이 되었다.

세 차례에 걸친 ADSL 시범 서비스 결과는 대성공이었다. 시범 서비스 가입자를 대상으로 실시한 설문조사에서 과반수 이상이 ADSL 가입 의사를 나타냈다. 이로써 ADSL 상용화를 위한 초석이 마련된 것이다.

두루넷, 초고속 인터넷 시대의 개막을 알리다

우리나라에서 초고속 인터넷의 첫 테이프를 끊은 회사는 두루넷이다. 1998년 6월, 드디어 최초의 초고속 인터넷 서비스가 등장한 것이다. 1996년 회사를 창립하고 그해 11월부터 시범 서비스를 거친 뒤 1998년부터 상용화에 들어간 두루넷(주). 회사명인 '두루넷'은 영어 'through'와 'network'를 합성한 말인데, 다른 한편으로는 우리말로 '두루두루 통한다'는 뜻을 표방했다.

초고속 인터넷 시대를 연 두루넷은 케이블 TV망을 이용한 이른바 '케이블 모뎀' 방식을 택했다. 케이블 모뎀 방식은 케이블 TV 방송국에서 각 가정 근처에 옥외형 광(光) 송수신기를 설치하여 광케이블로 연결하고, 이 광 송수신기와 각 가정 사이는 동축 케이블로 연결하여 네트워크를 이루는 방식이다.

케이블 모뎀이란, 케이블 TV망을 통해 초고속 인터넷을 사용할 수 있도록 아날로그 신호를 디지털 신호로 바꾸어주는 장치이다. 구리선인 전화망에 비해 케이블 TV망은 광케이블과 동축 케이블로 이루어져 있어, 대역폭이 전화망보다 훨씬 넓다. 하지만 케이블 TV망 역시 전화망과 같은 아날로그 방식이므로 모뎀이 필요한 것이다.

두루넷의 가장 큰 특징은 전화 모뎀 시절과 비교할 수 없는 속도였다. 이론상 최대 전송 속도(하향)는 30Mbps, 실제 사용되는 속도는 3~10Mbps로, 대부분의 모뎀 업체는 2Mbps 정도를 최적 속도로 선택하였다.

전화 모뎀(28.8Kbps 속도)으로 다운로드받는 데 8분 정도 걸리는 파일이 ISDN으로는 2분 정도 걸리며, 케이블 모뎀으로는 단 8초밖에 걸리지 않는다. 획기적인 속도의 차이. 두루넷의 등장은 한국 초고속 인터넷 신화를 가능하게 했던 인터넷 속도 경쟁의 점화를 알리는 일이었다.

이후 두루넷은 2000년 9월 26일 코리아닷컴(KOREA.COM)을 개설했으며, 2001년 5월 1일에는 두루넷 초고속 인터넷 서비스인 '멀티플러스'로 브랜드 이미지를 개편하였다. 그러나 모회사인 삼보컴퓨터의 경영 악화로 인해 2005년 9월, 하나로텔레콤과 합병하였다.

하나로텔레콤, 세계 최초의 ADSL 상용화

1997년 9월 23일, 하나로텔레콤(당시 하나로통신)이 공식 출범했다. 데이콤을 1대 주주로 하고 삼성, SK, 대우, LG 등 대기업과 두루넷 등 700여 개 기업이 컨소시엄 형태로 사업권을 획득하며 제2의 시내전화 회사로 출발한 것이다.

하나로텔레콤은 전국 주요 대도시의 아파트 단지를 중심으로 광케이블망을 구축하기 시작했다. 인구 밀도가 높은 대도시 아파트 단지를 선택한 것은 후발주자로서 '크림 스킴(Cream Skim, 달콤한 부분만 골라 먹는다는 뜻으로, 어떤 사업을 할 때 돈이 되는 부문부터 시작한다는 뜻)' 전략을 택한 것이었다.

1998년 하나로텔레콤은 시내전화 외에도 인터넷 사업을 위한 준비에 들어간다. 그 시작으로, 기술진을 3개 팀으로 나누어 유럽, 미국, 오세아니아 세 곳에 파견했다. 그중 미국으로 시장 조사를 떠났던 기술진이 돌아와 신기술을 제안했다. 바로 ADSL이었다.

세계 어디에서도 상용화되지 않은 신기술을 하나로텔레콤이 가장 먼저 도입하자는 제안. 당시 하나로텔레콤 내부에서도 의견이 엇갈렸다. "획기적인 기술이다, 도전해보자"는 측과 "초고속 인터넷 사업도 무모한데 전혀 새로운 ADSL은 더더구나 위험하다"는 측으로 나뉘었고, ADSL 도입에 반대하는 일부 임원은 데이콤으로 복귀하기도 했다.

하지만 하나로텔레콤은 내부의 반대를 무릅쓰고 강행을 택한다. ADSL 서비스 개시 시점을 다음해 4월 1일로 잡고, 세계 최초로 ADSL을 상용화하기 위해 기술 적용과 테스트에 들어갔다. 서비스 개시일까지 남은 기간은 고작 몇 개월. 당시 하나로텔레콤에서는 퇴근 때 인사가 "이따 봅시다!"였다고 한다. 새벽이 다 돼 퇴근했다가 바로 몇 시간 후에 다시 출근하는 날들이 몇 개월을 두고 반복됐기 때문이었다.

1999년 4월 1일, 마침내 하나로텔레콤의 ADSL 서비스가 시작됐다. 세계 최초의 ADSL 상용화가 현실이 된 것이다. 하나로텔레콤의 신윤식 회장과 김대중 당시 대통령이 서로 얼굴을 보며 전화하는 화상 통화 이벤트를 벌이기도 했다.

우리나라 초고속 인터넷 신화의 주역이 된 ADSL의 등장. 최고 8Mbps(하향)에 달하는 전송 속도는 그야말로 획기적인 것이었다. 하지만 하나로텔레콤에게도 고민이 있었다. 바로 요금 문제였다.

ADSL 상용화 자체가 세계 최초이다 보니 장비 구하기도 쉽지 않은 상황이었다. 당시만 해도 ADSL용 모뎀은 프랑스의 알카텔 사만이 독점 생산하고 있었고, 가격도 100만 원 가까이 됐다. 100만 원짜리 모뎀을 설치해야 하는 ADSL이니만큼 한 달 사용료로 얼마를 받아야 할 것인지 결정이 쉽지 않았다.

적정 요금을 놓고 고민한 끝에 하나로텔레콤은 6만 원대로 시작한다. 이후 KT가 ADSL 시장에 뛰어들면서 경쟁 체제로 돌입하고 모뎀 등 장비의 공급처도 다원화되면서, 몇 개월 후 요금은 프리미엄 서비스의 경우 4만 9천 원으로 낮아지게 된다.

KT, ADSL 사업 개시

코넷이 성장 일로에 있던 1997년, KT 내부에 보고서 하나가 나왔다. 이른바 '구리를 황금으로 만드는 기술', ADSL에 관한 보고서였다. 앞으로 인터넷 시장은 전화선을 활용한 ADSL 기술이 주도할 것이며, 따라서 KT는 ADSL을 서둘러 도입해야 한다는 것이 보고서의 내용이었다.

KT는 이미 세 차례의 시범 서비스를 통해 ADSL의 기술성을 확인한 바 있었다. 그럼에도 불구하고 ADSL을 도입해야 한다는 당시 보고서에 대한 반응은 그리 좋지 않았다. 보고서를 작성했던 필자는 관계자들을 일일이 찾아다니며 설득하기도 했으나, 긍정적인 대답을 얻기는 요원했다. 심지어 애써 만든 보고서가 바로 휴지통에 들어가 버리는 일도 있었다.

당시만 해도 초고속 인터넷이 이렇게 국가적인 주요 사업으로 성장할 것이라고는 아무도 예상하지 못했다. '수 메가비트나 되는 속도로 인터넷을 해야 할 이유가 있을까', '가입자당 150만 원에 달하는 막대한 비용을 투자해서 과연 사업성을 확보할 수 있을까' 등 회의적인 반응이 대부분이었다.

ADSL 사업에 부정적이었던 데는 또 한 가지 이유가 있었다. 인터넷의 종착역이라 불리며 당시 일본에서 폭발적인 성장을 보였던 ISDN 기술이 있었던 것이다. KT는 ISDN이 고속 인터넷 시장을 주도할 것이라 전망하고 ISDN을 적극 보급한다는 계획 아래 1996년부터 교환기 교체 등 ISDN 기술 개발과 투자에 주력하고 있었다.

　ISDN이냐, ADSL이냐. 하나는 쓰러지고 하나만이 살아남는 결정을 내려야 했다. 이미 개발과 투자가 돼 있는 기술인 ISDN 앞에서, ADSL은 때를 기다릴 수밖에 없었다. 그러던 1998년 6월, 두루넷이 케이블 모뎀 방식을 이용, 국내 최초의 초고속 인터넷 서비스를 시작한다. 뒤이은 1999년 4월에는 하나로텔레콤이 ADSL 서비스를 전격 개시하며 시장 선점에 나섰다.

　그때까지 초고속 인터넷이라고 여겨졌던 ISDN의 최고 속도는 128Kbps. 그러나 ADSL은 최고 8Mbps의 속도를 낼 수 있는 기술이었다. 더 이상 미룰 수가 없었다. 두 달 뒤인 1999년 6월, KT 또한 시범 운영 중이었던 ADSL 서비스를 신속히 상용화한다. 실제로 ADSL을 접목하려는 연구와 시범 사업을 가장 먼저 전개해왔던 KT가 상용화에서는 가장 늦었다는 점은 참으로 아이러니하다. 하지만 KT가 상용화를 시작함으로써 본격적인 초고속 인터넷 시대의 막이 오르게 되었다.

데이터가 다니는 길 – 구리선, 동축 케이블, 광케이블

■ 구리선 : 구리선은 전기분해에 의해 정련된 고(高)순도의 구리(銅)를 사용한 전선으로, 전화선은 모두 구리선으로 구축돼 있다.

■ 동축 케이블(Coaxial Cable) : 긴 원통 모양의 외부 도체와 그 중심축에 놓인 한 개의 내부 도체로 이루어진다. 단면을 보면 외부 도체와 내부 도체가 동심원을 이루고 있어서 '동축 케이블'이라고 불린다.

■ 광케이블 : '광섬유 케이블'이라고도 한다. 전기 신호를 광선 신호로 바꾸어 전달하는 케이블이며, 한가운데의 심(core)이 유리나 플라스틱으로 만들어진 광섬유이기 때문에 '광케이블'이라 불린다. 다른 전송 선로에 비해 대역폭이 넓어서 데이터 전송률이 뛰어나고, 크기와 무게가 작으며, 빛의 형태로 전송하기 때문에 잡음 등의 외부적 간섭이 적다. 현재 광통신 기술은 비약적으로 진화하고 있다. 이제는 한 가닥의 광섬유를 통해 1초간 보낼 수 있는 데이터의 양이 테라비트(Tera bit, 1천억 비트)에 달하고 있다. 1Tbps, 즉 초당 1테라비트라는 속도는 700메가바이트 CD 180장을 1초에 전송할 수 있는 엄청나게 빠른 속도다. 따라서 광케이블은 '빛의 고속도로'라 불리며 미래의 전송 기술로 각광받고 있다.

● 광섬유의 다발로 이루어진 광케이블
●● 광섬유의 내부 구조

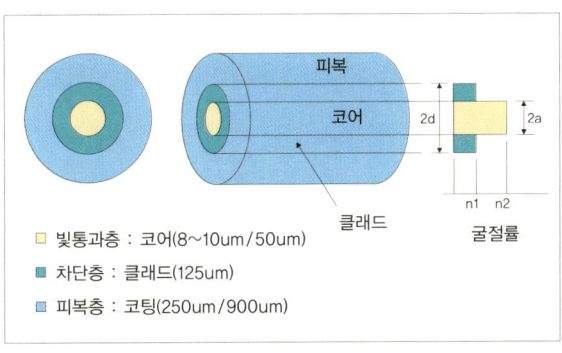
□ 빛통과층 : 코어(8~10um/50um)
■ 차단층 : 클래드(125um)
■ 피복층 : 코팅(250um/900um)

06 본격적인 속도전에 들어가다

초고속 인터넷 시장, 경쟁 체제 돌입

4만 원이 채 안 되는 비교적 낮은 가격에 케이블 모뎀 서비스를 개시하며 초고속 인터넷 시장에 불을 당긴 두루넷, 대대적인 투자를 전개하며 세계 최초로 ADSL을 상용화시킨 하나로텔레콤, 그리고 여기에 통신 시장의 전통적인 일인자인 KT까지 진입하면서 초고속 인터넷 시장은 3개 사업자의 경쟁 체제로 들어선다. 속도, 가격, 광고 등 모든 면에서 치열한 경쟁이 시작된 것이다.

정부에서는 이른바 '사이버 코리아 21(CYBER KOREA 21)' 계획을 세우기 시작했다. 21세기 정보통신 강국으로 도약하기 위해서는 초고속 정보통신망을 갖춰야 하고, 초고속 인터넷 서비스가 그 근간이 되어야 한다는 청사진이었다.

초고속 인터넷이 대중화되기 위해 우선적으로 해결해야 할 문제는 바로 가격이었다. 정부와 통신 사업자들은 2002년까지 초고속 인터넷 공급 가격을 4만 원 이하로 한다는 계획에 합의한다. 6만 원대로 시작했던 하나로텔레콤은 ADSL 프로 서비스를 4만 9천 원, 라이트 서비스를 3만 9천 원으로 낮췄고, 이에 따라 사업자 간에 가격 경쟁 분위기가 만들어졌다. 우리나라가

주요 국가의 xDSL 요금 비교(2001. 10.) 　　　　　　　　　　　　　　　　단위(USD)

국가	회사명	가입비	월 이용료	Kbps/월 이용료
한국	KT	28.53	38.04	42.75
일본	NTT	182.11	53.79	35.41
미국	Verizon	0.00	49.95	17.94
프랑스	FT	141.70	42.65	13.95
영국	BT	221.60	59.02	11.96

자료 : OECD, The development of Broadband Access

*한국은 가입비가 약 28달러, 월 이용료가 약 38달러로, 다른 국가에 비해 요금이 비교적 저렴하다. 특히 이용 요금 대비 전송 속도(Kbps/월 이용료)로 환산하였을 경우 한국이 가장 저렴한 수준인 것을 알 수 있다.

초고속 인터넷 강국이 될 수 있었던 요인 중 하나인 '다른 국가에 비해 비교적 저렴한 요금'은 이때부터 형성되기 시작한 것이다.

광고와 마케팅 측면에서도 경쟁은 뜨거웠다. 1999년 4월 ADSL 서비스를 시작했지만 가입자가 쉽게 늘어나지 않던 하나로텔레콤은 몇 달간의 고심 끝에 새로운 마케팅 전략을 내놓는다. 세계 최초로 ADSL을 상용화시킨 사업자로서 ADSL 자체를 차별화의 전면에 내세우는 것이었다.

가수 유승준을 광고 모델로 내세운 하나로텔레콤의 브랜드 슬로건은 바로 "나는 ADSL"이었다. 여기서 '나는'은 'fly'와 'I am'이라는 두 가지 의미를 동시에 가지고 있었다. 역동적이고 강렬한 분위기에 "나는 ADSL!"이라고 외치는 유승준의 젊고 참신한 이미지는 초고속 인터넷의 주 고객인 젊은 층을 사로잡았다.

광고 문구 또한 절묘했다. "뛰는 ISDN, 나는 ADSL"과 "따라올 테면 따라와 봐", "집 앞까지 따라와 봐" 등의 자신감 넘치는 광고는 ADSL 돌풍을 일으키며 초고속 인터넷 붐을 조성했다.

"나는 ADSL"이라는 광고가 등장한 것은 1999년 8월. 그때까지만 해도 KT는 ADSL보다는 ISDN 이미지가 강했기 때문에 하나로텔레콤의 ADSL 광

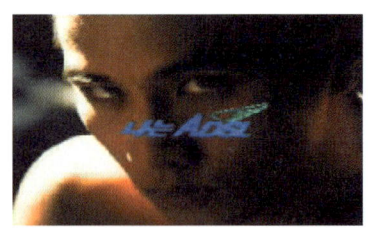

하나로텔레콤의 "나는 ADSL" 광고는 역동적이고 강렬한 이미지로 ADSL 돌풍을 일으키며 초고속 인터넷 붐을 조성했다.

고는 큰 반향을 가져왔다. 이렇게 가장 먼저 ADSL 시장을 개척하고 공격적인 마케팅을 펼친 결과, 하나로텔레콤은 초고속 인터넷 시장 점유율 1위의 자리에 오르게 된다. 2000년 4월, 하나로텔레콤의 "나는 ADSL"은 이미 소비자 인지의 90% 이상을 차지하게 된다.

후발주자였던 KT에도 비상이 걸렸다. 1999년 말, KT는 우면동 연구소의 방 하나에 ADSL 마케팅 전담반을 전격 신설했다. 그리고 이 ADSL 마케팅 전담반은 이른바 'M3'라는 계획을 수립한다. 'M3'는 'Million Marketing for new Millennium'의 약자로, 뉴 밀레니엄인 2000년 한 해 동안 100만 가입자를 유치하겠다는 계획이었다. 당시 KT의 ADSL 가입자는 고작 1만 명에 불과했다. 1년 동안 100만 명의 가입자를 유치하겠다는 것은 그야말로 꿈 같은 목표였지만, 그만큼 강한 의지의 표현이기도 했다.

2000년 5월, KT는 초고속 인터넷 통합 브랜드인 '메가패스'를 세상에 내놓았다. '메가(Mega)'는 '큰, 커다란, 100만'을, '패스(Pass)'는 '전달, 길'을 의미한다. 한마디로 '메가패스'는 대용량의 정보를 더 빠르게 제공한다는 뜻을 담은 것이었다. 새로운 브랜드 이후, 마케팅 사상 전무후무한 대역전의 드라마가 펼쳐진다. 초고속 인터넷 통신 시장에서 후발주자로 출발한 KT의 '메가패스'가 1년도 지나지 않아, 4.5%라는 시장 점유율을 48%로 끌어올리며 넘버 원 사업자로 등극한 것이다.

'메가패스'는 당시 KT가 서비스 중이었던 ADSL, B&A, 위성인터넷 등 3개의 초고속 인터넷 서비스를 통합한 브랜드였다. 단순히 ADSL만을 위한 브랜드가 아니라, 장기적인 관점에서 현재의, 그리고 앞으로 등장할 모든 초고속 인터넷 서비스를 아우를 수 있는 통합 브랜드라는 아이디어를 낸 것이었다.

'메가패스'는 하나로텔레콤의 "나는 ADSL"과는 달리 유명 연예인이 아닌 인물을 주인공으로 내세우는 광고 전략을 채택했다. 초등학생들이 가장 존경하는 위인으로 꼽은 이순신 장군을 등장시킨 '유쾌한' 광고였다.

광화문 네거리에 서서 위용을 자랑하던 이순신 장군 동상이 갑자기 자리를 박차고 힘차게 걸어 나온다. 그리고 어느 사무실로 들어간 이순신 장군이 그곳에서 초고속 인터넷으로 신나게 온라인 게임을 즐긴다는 내용.

위엄 있으면서도 경쾌한 느낌의 이순신 장군을 통해, 세대를 초월한 '유쾌, 상쾌, 통쾌'한 인터넷 서비스를 역설했던 메가패스. 이 광고는 세간에 많은 화제를 뿌리며 공전의 히트를 기록했다. 이 광고의 성공 덕분에, 어린이들이 광화문 네거리에서 이순신 장군 동상을 보고는 "메가패스 장군이다!"라고 소리쳤다는 우스갯소리가 유행할 정도였다.

메가패스가 성공할 수 있었던 또 다른 마케팅 전략은 2000년 3월부터 도입된 '예약 가입제'였다. 예약 가입제란, KT의 ADSL 서비스를 예약 신청한 후 일정 기간 이상 대기한 고객에게는 설치비를 면제해주는 제도이다. 사실 예약 가입제가 등장한 배경에는 ADSL 시장

메가패스 3종 세트

메가패스는 ADSL, B&A, 위성 인터넷 세 가지 서비스를 묶은 통합 브랜드로 출발했다.

1. 메가패스 ADSL : 전화선을 활용하여 음성 통화와 고속 데이터 통신을 이용하는 초고속 인터넷 서비스. 속도와 이용 형태에 따라 ADSL-프리미엄(Premium), ADSL-라이트(Lite), 마이(My)-IP, 멀티(Multi)-IP 등으로 구분되었다.

2. 메가패스 B&A : 아파트, 오피스텔, 빌딩 등 구내 전화선에 초고속 인터넷 가입자 단말장비를 설치하여 전화와 초고속 인터넷을 동시에 이용하는 서비스. 128Kbps급 속도를 제공하며, 컴퓨터 전원이 켜지는 동시에 코넷에 자동 접속된다.

3. 메가패스 위성인터넷 : 무궁화위성을 이용하여 산간벽지까지 전국 어디에서나 초고속 인터넷 사용이 가능한 서비스. ADSL이 제공되지 않는 지역에서 고속 인터넷 이용을 원하거나, 위성방송을 수신하면서 초고속 인터넷을 이용하고 싶은 가입자들에게 유용한 서비스다. 정보량이 적은 상향(上向)은 전화망이나 전용선을 이용하고, 정보량이 많은 하향(下向)은 위성을 이용한다(하향 속도는 최대 1Mbps).

'메가톤급 인터넷'을 앞세운 광고 〈백만대군편〉

 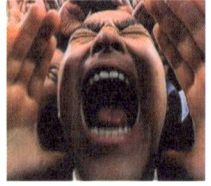  

학생과 엄마를 타깃으로 한 광고 〈학생편〉

 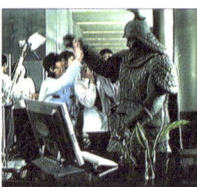  

400년 만에 환생한 이순신 장군을 통해 인터넷 강국으로 나아가고자 하는 국민들의 염원을 '유쾌, 상쾌, 통쾌'한 상황으로 표현한 〈장군편〉

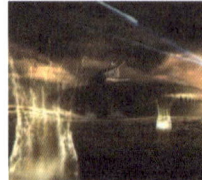   

이순신 장군과 프로 게이머들이 사이버 공간에서 벌이는 신나는 해전과 통쾌한 승리를 통해 메가패스가 제공하는 초고속 인터넷 세상의 즐거움을 전달하고자 하는 〈해전편〉

초기 상황의 급박함이 있었다.

1999년 말과 2000년 초만 해도 ADSL은 세계 어느 곳에서도 일반화돼 있지 않았기 때문에 모뎀 등의 장비를 구하기도 쉽지 않았다. 유럽과 미국의 장비 사업자들이 모뎀과 DSLAM 등 장비 시장을 독점하다시피 했던 초창기, 장비 하나 가격만 100만

메가패스 광고를 패러디한 『동아일보』(2001. 8. 27.) 만평

원에 달했다. 그나마 물량을 대기도 어려웠다. 장비 사업자들은, 세계적으로 대중화되지 않은 ADSL 장비의 생산을 갑자기 늘릴 수는 없다는 입장이었다. 한국에서 필요하다고는 하나, 아시아 작은 나라의 수요가 뭐 그리 크겠느냐, 수익성이 없다는 것이었다.

따라서 1999년 말과 2000년 초까지 하나로텔레콤과 KT는 모두 장비를 확보하기 위해 전쟁을 치러야 했다. 겨우 구한 장비들이 공항에 들어왔다고 해서 서둘러 가보면, 장비가 사라져버려 빈손으로 돌아와야 하는 일도 부지기수였다. 전국적으로 워낙 수요가 막대하다 보니, 지역 간에도 장비 확보 경쟁이 치열했던 것이다. 이런 상황이니 가입자가 있어도 서비스를 개통해 줄 장비가 없는 실정이었다.

이때 KT에서 고심 끝에 나온 아이디어가 바로 예약 가입제였다. 예약 가입을 한 뒤 한 달 이상 기다리면 설치비를 무료로 해주고, 두 달 이상 기다리면 설치비 무료에 요금의 일정 퍼센트를 할인해주는 식이었다.

가입자와 동시에 장비를 구할 기간까지 확보하는 예약 가입제. 인터넷 업계 최초로 도입된 이 제도는 폭발적인 반응을 가져왔다. 예약 가입제를 시작한 2000년 3월 한 달간 하루 평균 1만 건 이상의 가입 신청이 쇄도해, 한 달 동안에만 33만 건의 가입 신청이 접수됐다.

가입자 폭증과 후발주자 KT의 도약

2000년에 들어서면서 ADSL 서비스 가입자가 급속히 증가하기 시작했다. 통신 사업자들은 폭발적으로 늘어나는 수요를 감당하지 못하고 장비 공급에 어려움을 겪었다. 대기 중인 적체 가입자 또한 늘어갔다. 예약 가입자는 40만 명을 넘어섰는데, 실제 개통 작업이 진행된 것은 3, 4만 명에 불과했다. 설상가상으로 공급이 부족한 우리 상황을 파악한 외국 장비 사업자들은 가격을 높이려는 움직임까지 보이기 시작했다.

ADSL 기술의 시장 가능성이 어느 정도 검증되면서, 초고속 인터넷 가입자가 1,000만 명까지 늘어날 것이라는 조심스러운 예측이 나오기 시작하는 상황이었다. 통신 사업자들은 국내 인터넷 장비 생산업체들을 수소문했고, 국내 업체들이 ADSL 장비를 개발, 생산하기 시작한다.

초고속 인터넷 장비의 국산화는 당장 외국산 장비만으로는 물량이 부족했기 때문이기도 했지만, 장기적으로 언제까지나 유럽과 미국 업체에 의존할 수는 없는 일이라는 판단에서 나온 결정이기도 했다. 이는 가격 경쟁의 측면이나 공급 안정의 측면 모두를 살릴 수 있다는 점에서 국내 통신장비 생산업체와 통신 사업자가 윈-윈 할 수 있는 방안이었다.

물론 처음에는 시행착오도 있었다. 전국에 설치한 1만 3천 대의 모뎀에 대해 리콜이 들어온 것이다. 본래 약속했던 속도가 나오지 않았기 때문이었다. 아직도 수많은 적체 가입자들이 기다리고 있는 상황에서 1만 3천 대의 대량 리콜 사태에 직면한 것이다.

당시 KT 고객설비부에서는 정공법을 택한다. 전국에 설치한 모든 장비

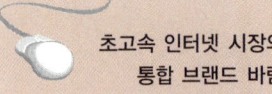

초고속 인터넷 시장의 통합 브랜드 바람

휘하에 여러 개의 작은 브랜드들을 거느리고 있다고 해서 일명 '엄브렐라(Umbrella, 우산) 브랜드'라고도 불리는 통합 브랜드. 통합 브랜드 '메가패스'가 대성공을 거두자, "나는 ADSL"로 선점에 성공했던 하나로텔레콤은 이듬해인 2001년 5월, '하나포스'라는 통합 브랜드를 내놓는다. 그리고 뒤이어 6월에는 두루넷이 '두루넷 멀티플러스'라는 통합 브랜드를 내걸고 마케팅전을 펼치게 된다.

를 하나하나 업그레이드하는 작업을 진행한 것이다. 그리고 이후로는 장비 공급업체를 현대, 삼성, 청호, 시스코, 루슨트 등 여러 개로 다원화하는 동시에, 지역별 할당제를 도입하여 장비의 품질과 물량을 모두 확보하는 방법을 택한다.

덕분에 KT의 경우 2000년 6월부터 본격적으로 물량이 돌기 시작한다. 이후 3개월간 총 90만 대의 장비를 확보하면서 예약 가입자들의 인터넷 개통 작업이 급진전됐다. 시장 점유율 1위를 달리고 있던 하나로텔레콤과 KT의 자리바꿈이 서서히 그 조짐을 보이기 시작했던 것도 바로 그때였다.

2000년도 후반기, KT 물류창고에서는 4, 5층짜리 건물 높이만큼 쌓여 있던 ADSL 모뎀이 하루 이틀 만에 전국 각지로 사라지고, 또다시 그만큼 쌓였다가 다시 사라지고 하는 일이 계속됐다. KT의 전국 400개 전화국에 포진해 있는 2,500명의 현장요원들은 평균 1인당 하루에 5개 회선을 개통해나갔다.

이는 외국인들이 믿기지 않는다는 반응을 보일 정도의 엄청난 속도였다.

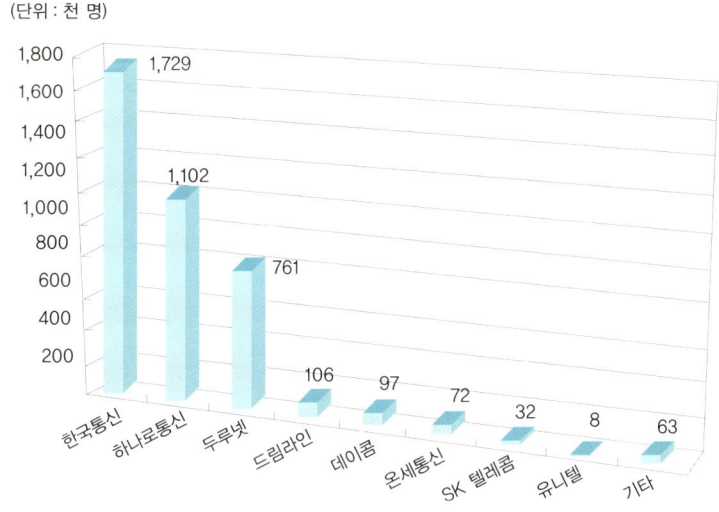

2000년 말 기준 ISP별 초고속 인터넷 시장 점유율

그 당시 미국이나 유럽의 경우, 인터넷 회선 하나 개통하는 데 청약 후 일주일에서 열흘 정도 걸리는 것이 다반사였기 때문이다.

1년 안에 100만 가입자를 유치하겠다는 KT의 'M3' 계획, 모두가 불가능할 것이라 했던 그 일은 마침내 현실이 된다. 2000년 초만 해도 1만 5천 가입자에 불과하던 것이 2000년 10월, 100만 가입자 돌파를 달성한 것이다. 그리고 2000년도 말에는 173만 명을 넘어서면서 1년간 100만 가입자라는 목표를 훌쩍 넘어섰다.

1년 동안 170만 개의 초고속 인터넷 회선을 개통하는, 세계적으로도 전무후무한 기록을 세운 KT는 2000년도 말 가입자가 173만을 넘어서면서 시장 판도를 뒤엎고 초고속 인터넷 시장 점유율 1위 자리에 올라선다.

보이지 않는 통신한국의 심장 – 공동구, 해저 광케이블, IDC

일상 속에서 편리하고도 당연하게 전화와 인터넷을 쓰면서 정보통신 강국의 명성을 지킬 수 있는 것은, 보이지 않는 곳에 구축된 인프라와 이를 관리하는 사람들의 땀방울이 존재하기 때문이다. 지하 통신구와 해저 광케이블, 인터넷데이터센터(IDC), 그리고 그곳의 운용요원들이 바로 그들이다.

■ 정보통신의 동맥, 지하 통신구

우리가 생활하는 건물 지하나 차를 타고 이동하는 도로 밑에는 수천, 수만 개의 통신선이 지나가는 공간이 있다. 지하에 그물망처럼 깔려 있는 '지하 통신구'다. '같은 길'이라는 의미에서 '동도(同道)'라 불리기도 하고, 가스·수도·전기선 등이 함께 들어 있어 '공동구(共同區)'라 불리는 곳도 있다.

광화문 KT 건물을 통해 내려가면 시내전화선과 인터넷 케이블이 모여 있는 거대한 지하 공간이 나온다. 출입이 엄격히 통제되는 이곳에는 25가지 색깔로 조합되어 최대 7,200가닥이 묶여 있는 전화선 묶음과, 머리카락보다 가는 광케이블을 144가닥씩 묶어놓은 광케이블 묶음이 지나가고 있다.

수많은 케이블들은 이렇게 전국 400개의 전화국 지하에 모였다 다시 흩어지면서 전화와 인터넷을 연결한다. 이들 중 한 가닥이라도 손상을 입거나 잘못 연결되면 전화나 인터넷에 문제가 생기게 되는 것이다.

케이블에 공기를 불어넣는 에어펌프가 24시간 돌아가고 있으며, 모든 출입구는 철문이나 PVC 등으로 막혀 있다. 열 감지 장치가 있어 사람이나 쥐 등이 몰

● 광화문 KT 건물의 거대한 지하 통신구. 수많은 전화선과 케이블들이 모여 있는, 우리나라 정보통신의 동맥이다.

래 침입하는 것은 불가능하다.

　이곳 운용요원들은 지하의 물을 퍼올리는 펌프, 케이블에 공기를 불어넣는 에어펌프 등을 매일 점검한다. 동도에 오래 근무한 사람이라면 광화문 네거리 지상에서도 공기가 새는 소리를 알아들을 수 있을 정도라고 한다.

■ 바다를 건너는 정보망, 해저 광케이블

지하에 통신구가 있다면 바다에는 해저 광케이블이 있다. 해당 국가들이 공동으로 투자하여 수천 미터 바다 밑에 건설하는 해저 광케이블은 태평양, 대서양을 건너 전화와 방송, 인터넷 등 각종 통신을 가능하게 하는 길이다.

　최초의 해저 케이블은 1851년 영국과 유럽을 잇는 도버해협에 영국이 건설하기 시작한 것으로, 통신의 역사를 바꿔놓은 신기술이었다. 1970년 미국의 코닝 사(社)가 광섬유 케이블을 개발함에 따라, 1989년에는 태평양 횡단 해저 광케이블이 처음 개통됐다. 1990년 4월 국내에서도 제주-고흥 간 해저 광케이블이 144km 부설됐고, 이후 한국과 홍콩, 일본 등을 연결하는 라인도 구축됐다. 현재 우리나라에 육양되어 운용 중인 국제 해저 광케이블은 총 11개로, 총 용량은 19Tbps에 이른다. 또한 한국은 해저 광케이블을 독자적으로 부설·운용할 수 있는 몇 안 되는 나라 중 하나이기도 하다.

　해저 광케이블의 가장 큰 적은 다름 아닌 상어이다. 가끔 상어가 케이블을 이빨로 물어뜯기 때문이다. 간혹 저인망 어선에 의해 해저 케이블 중 한 가닥이 끊어지기도 하지만 통신에는 영향이 없도록 설계돼 있다. 위성이나 다른 케이블을 이용하도록 이중, 삼중으로 통신망이 연결돼 있기 때문이다.

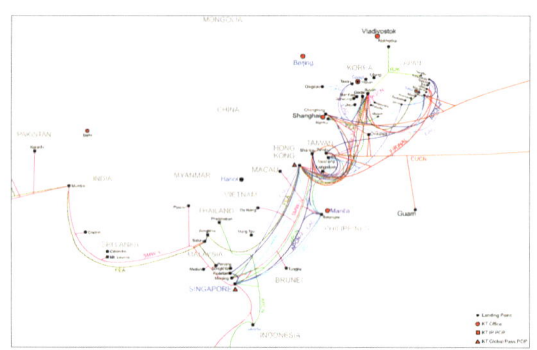

● 현재 한국에 육양되어 운용 중인 국제 해저 케이블은 총 11개이며, 총 용량은 약 19Tbps에 이른다. 이 케이블들이 아시아 여러 지역과 미국, 유럽을 잇고 있다.

세계로호

바다로호

- 해저 케이블 작업선은 작업 성격상 파도가 치는 상황에서도 배가 전후좌우로 3미터 이상 움직이지 않고 고정되어 있어야 하는데, 이런 조건을 만족시키는 배를 만들기 위해서는 고도의 기술이 필요하다. 작업선은 전 세계적으로 50여 대 정도밖에 없는데, 우리나라는 12,500톤급 '바다로'호와 8,300톤급 '세계로'호를 보유하고 있다. 이로써 2005년 현재 우리나라는 세계에서 해저 케이블 공사를 독자적으로 할 수 있는 다섯 번째 나라가 되었다.

- 케이블 작업선과 함께 투입되어 케이블 및 파이프라인 건설 작업을 수행하는 원격 무인 잠수정 T-800로브(ROV, Remotely Operated Vehicle). 최대출력 800마력으로 작업 반경이 수심 2,500m까지 가능하며, 최대 매설 깊이가 3m인 최첨단 해저 장비이다.

■ 서버들의 호텔, IDC

IDC(인터넷데이터센터)는 건물 전체가 서버들로 빼곡히 들어차 있는 서버들의 호텔이다. 한 달 방세가 적게는 수십만 원에서 많게는 수억 원에 달하는, 초고속 호텔이라고 할 수 있다.

IDC는 기업들의 전산 시설을 위탁 관리하는 곳이라고 볼 수 있는데, 기업들은 서버가 한번 다운되면 치명적이기 때문에 통신 사업자가 운영하는 별도 건물에 서버를 갖다놓고 직원들을 파견, 24시간 관리 체제로 운영한다.

● KT의 분당 IDC 전경과 서버룸. IDC는 건물 전체가 서버들로 빼곡히 들어찬 '서버들의 호텔'이다.

　KT의 분당 IDC의 경우, 유력 포털 사이트, 음악 사이트들과 증권사, 은행 서버는 물론 방송사의 수능 강의용 서버까지 관리하고 있다. 이곳은 항상 22℃의 온도와 일정한 습도가 유지되고 1년 내내 전원이 꺼지지 않는 곳이다. 63빌딩 다음으로 가장 많은 전기를 사용하는 건물로도 알려져 있으며, 정전에 대비해 두 곳의 변전소로부터 전기를 공급받는 것은 물론, 비상용 발전기에 축전지실까지 3중, 4중의 전원 공급 시스템을 갖추고 있다.

07 품생품사
品生品死

실험실에서는 완벽한 성능을 보였던 ADSL이지만, 온실 속의 ADSL이 현장에 적용, 운용되면서 수많은 문제들이 발생했다. 네트워크 장비와 모뎀 등 장치적인 문제는 물론이고, 노후화된 회선과 주변 환경에서 오는 신호 간섭으로 인해 품질이 저하되는 문제, 사업 초기에 가입자나 업체 직원이나 모두 컴퓨터에 미숙했기 때문에 발생했던 이용상의 문제 등 고객이 원하는 수준에 도달하기 위해서는 해결해야 할 과제들이 무궁무진했다.

장비 간 100% 호환성 주도

2000년 한 해 동안 170만 회선이라는 폭발적인 물량을 소화해낼 수 있었던 배경에는 장비업체의 다원화를 위한 노력이 있었다. 사업 초기에는 장비를 생산할 수 있는 업체가 프랑스의 알카텔 사 등 해외 업체뿐이었지만, 서비스 제공시 나타났던 문제점에 대한 즉각적인 해결과 원활한 장비 물량 확보를 위해서는 국내 업체를 공급사로 선정하는 것이 유리했다. KT는 국내 업체의 ADSL 장비 개발을 유도하고 외국 업체와 경쟁시킴으로써 안정적으로 장비를 수급할 수 있었다. 이렇게 다수의 업체로부터 인터넷 장비들을 도입하자, 점차 다른 문제가 부각되기 시작했다. 바로 호환성 문제였다.

요즘엔 이사 갈 때도 본인이 사용하던 모뎀을 가져가서 그대로 사용하면 되지만, 사업 초기에는 지역이 달라지면 모뎀을 다른 기종으로 교체해야 하는 경우가 많았다. 또한 여러 제조사의 장비가 설치된 지역에서는 모뎀이 고장 났을 경우 모뎀 종류별로 모두 가져다 설치해봐야 하는 경우도 있었다. 이는 원래 살던 지역의 네트워크 장비와 새로 이사 간 지역의 네트워크 장비가 서로 다른 기종일 경우, 새 장비가 원래 사용하고 있던 모뎀과 호환이 되지 않아 속도가 현저히 떨어지거나 자꾸 접속이 끊기는 현상이 자주 발생했기 때문이었다. 고객의 체감 품질 향상을 위해서는 가입자가 더 늘어나기 전에 이러한 호환성 문제를 반드시 짚고 넘어가야만 했다.

모뎀과 네트워크 장비의 핵심 기술은 칩셋에 거의 다 들어 있기 때문에, 장비 간 호환성 문제를 풀기 위해서는 실질적으로 칩셋 업체들 간의 호환성 해결이 필수적이었다. 세계적으로 표준화된 ADSL 기술은 이론상으로는 업체가 달라도 호환이 되어야 했지만 현실은 그렇지 않았다. 당시 칩셋 생산은 브로드컴 사, ADI 사 등 외국 업체들이 주도하고 있었는데, KT에서는 즉각 이들 업체들과 연락을 취했고 하루가 멀다 하고 이들 업체들과의 회의가 이어졌다.

ADSL은 세계 최초로 우리나라가 상용화한 것이다 보니 장비 간 호환성에 관한 이슈를 본격적으로 제기한 것도 우리나라가 처음이었다. 이후 KT는 칩셋에 갖가지 요구사항을 추가로 반영시키면서 전 세계 ADSL 칩셋 기술 발전에 많은 영향을 미쳤다.

새로운 서비스에 대한 어려움을 열정으로 넘다

초고속 인터넷 사업을 시작하기 전에 전화 서비스만 다뤄왔던 KT와 같은 유선통신사 직원들은 ADSL 서비스의 등장으로 개통과 유지·보수 활동에 큰 어려움을 느끼게 된다.

우선 기존의 음성 전화 서비스를 기준으로 설정된 구리선 케이블에 대한 품질 관리 기준을 ADSL 서비스 개통에 그대로 사용하면서 문제가 발생했다. 같은 전화선으로 전화는 잘 되는데 ADSL은 품질이 제대로 나오지 않는 경우가 허다했다. 낮은 주파수의 음성 신호를 실어 나르는 데 충분한 품질의 선로라도 고속의 고주파 ADSL 데이터 신호를 전달하기에는 부적합한 경우가 많은데, 초기에는 직원들이 이를 제대로 인식하지 못했기 때문이었다.

다음으로 직원들의 컴퓨터 활용 능력 부족이 문제가 되었다. 이전에는 몇 가지 도구만을 가지고도 전화 서비스를 쉽게 개통하던 직원들이, 생전 만져보지도 않던 컴퓨터에 프로그램을 설치하고 고객의 질문들에 답변을 해야 하니 진땀을 흘릴 수밖에 없었다. 이러한 어려움은 서비스를 개통하는 현장 직원뿐 아니라 사무실에서 업무를 보는 직원들에게도 생소하고 어려운 일이었다. 심지어 민원 전화를 받아도 제대로 처리할 수 있는 직원이 부족해, 쉴 새 없이 걸려오는 민원 전화 받기를 두려워하는 상황에까지 이르렀다.

2001년 말, 이와 같은 문제를 해결하기 위해 KT는 '메가패스 품질 향상 100일 작전'을 수립한다. 개통과 수리 과정의 점검 사항을 체계적으로 정리하여 알리고, 개통 후 서비스 품질을 KT 품질관리시스템에서 일괄적으로 수집하여 관리할 수 있도록 프로세스를 개선했다. 뿐만 아니라, 그 당시 회사 내에서도 널리 보급되어 있지 않던 컴퓨터를 현장 직원 2인에 1대씩 필수적으로 지급하도록 하였다. 지금이야 일반 국민들 대다수가 컴퓨터와 인터넷에 관해 전문가의 경지에 이르렀을 정도지만, 초창기에는 초보자가 대부분

이어서 컴퓨터 자체의 고장도 인터넷 요원에게 수리를 요청하는 일이 다반사였다. 따라서 인터넷 서비스 개통과 A/S를 원활히 수행하기 위해 모든 직원들을 컴퓨터에 익숙해지게 하려는 조치가 시행된 것이었다.

그러나 무엇보다, 새로운 시대에 뒤처지지 않기 위해 컴퓨터를 학습하고 새로운 프로세스를 받아들인 직원들의 열의 있는 태도가 문제를 극복한 가장 큰 원동력이었다. 이런 현장 직원들의 노력을 통해 KT는 폭발적으로 늘어난 가입자들을 모두 수용할 수 있게 되었고, 우리나라는 세계 최고 수준의 인터넷 환경을 갖출 수 있게 되었다.

VDSL로 또다시 한 단계 도약하다

ADSL 서비스 시장이 성숙 단계에 이른 2002년에는 아파트나 주택 밀집 지역 등 핵심 경쟁 지역에서 우위를 점하기 위한 업체 간 경쟁이 치열했다. KT는 2002년 7월 국내 최초로 VDSL을 상용화하여, 기존 8Mbps보다 빠른 13Mbps의 속도를 제공할 수 있게 되었다. 이로 인한 경쟁 우위 효과는 놀라웠다. KT의 순증 가입자는 VDSL 서비스를 개시한 2002년 8월 8,566명에서

IP-ADSL과 ATM-ADSL의 특징 비교

구 분	IP-ADSL	ATM-ADSL
IP 할당	접속 프로그램 불필요(DHCP)*	접속 프로그램을 이용한 접속
전송 속도	동선 거리 단축으로 품질 우수	거리별 전송 손실 발생
기 타	· 광케이블 시설 투자 필요 · 광 이더넷 장비, 무인 분기국사 내 설치 · NAS 장비 불필요 · 소용량/분산 관리	· 기존 동선로 최대한 활용 · DSLAM 장비, 전화국 내 설치 · NAS 장비 필요 · 대용량/집중 관리

*DHCP(Dynamic Host Configuration protocol) : 통신을 실행하기 위해 필요한 설정 정보를 자동으로 할당하여 자동접속을 가능케 함.

같은 해 12월 14만 명으로 급증하였다. 그해 11월 순증 가입자 12만 2천 명 중 46.3%가 VDSL 가입자인 점을 볼 때, VDSL 서비스가 KT에게 기대 이상의 성과를 가져다준 것을 알 수 있다.

이에 자극을 받은 하나로텔레콤은 이듬해인 2003년 2월 20Mbps VDSL 서비스를 KT보다 먼저 상용화하였으며, 2004년 2월에는 KT가 50Mbps VDSL을, 2006년 7월에는 100Mbps의 VDSL을 상용화하기에 이르렀다.

KT의 VDSL 전환 과정에서 한 가지 주목해야 할 점은, KT의 전송 방식과 설비 구성 방식 모두가 변화되었다는 점이다. VDSL이 도입되기 전까지 KT는 ATM(Asynchronous Transfer Mode) 방식을 ADSL에 적용하였으나, VDSL부터는 IP(Internet Protocol) 방식을 적용하기 시작한다. 뿐만 아니라 대부분 전화국에 장비를 설치해놓던 방식에서, 주택 밀집 지역으로 장비를 전진 배치시키는 방식으로 바꾼다.

이러한 변화는 궁극적으로는 고객에게 안정적이고 향상된 품질을 더욱 저렴한 가격에 공급하기 위해서였다. 우선 IP 방식이 ATM 방식보다 저렴한 비용으로 넓은 대역폭을 제공할 수 있으며, 인터넷 장비를 고객 주거 지역 근처로 전진시킴으로써 긴 구리선으로 인한 품질 저하를 차단할 수 있게 되었다.

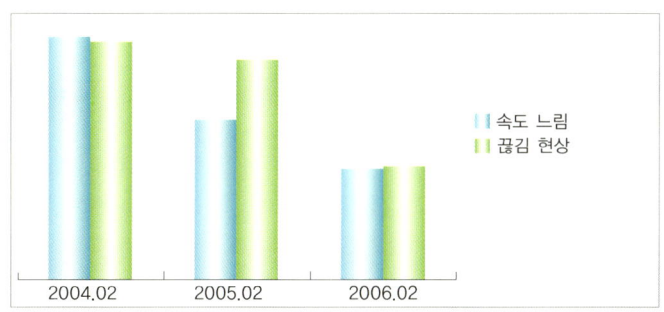

메가패스의 속도 느림과 끊김 현상에 대한, 가입 가구당 평균 VoC 수치 변화 추이

VDSL을 통한 통신업체 간 속도 경쟁으로 고객은 더욱 빠른 서비스를 제공받을 수 있게 되었다. 또한 KT의 경우, VDSL을 포함한 메가패스 상품의 품질이 전반적으로 향상되는 결과를 가져왔다. 이는 실제로 고객 체감 품질을 나타내는 VoC(Voice of Customer, 고객센터에 접수되는 고객의 불만)의 평균 수치가 해마다 감소 추세에 있는 사실을 보면 알 수 있다.

　더욱 커진 대역폭과 향상된 품질을 통해 인터넷 TV, 영상 전화 서비스 등 차세대 통신 서비스를 제공할 수 있는 기반이 마련된 것이다.

ATM 방식에서 IP 방식으로의 변화가 의미하는 것은?

통신장비 간에 정보를 주고받기 위해서는 서로 이해할 수 있는 일정한 규칙이 있어야 한다. ATM과 IP(이더넷 방식)는 가장 기본적인 메시지 규칙들이다.

초기 ADSL 장비들이 ATM 방식을 사용한 것은 ADSL 기술이 광대역 ISDN(B-ISDN) 서비스 제공을 위한 기술 개발 과정에서 생겨났기 때문이다. B-ISDN은 기존의 음성과 데이터 서비스 모두를 수용하고 대용량 고속 서비스를 제공하기 위해 설계된 네트워크로, ATM 방식을 전송 방식으로 사용하였다.

하지만 차세대 네트워크로 주목받던 B-ISDN보다는 IP 기반의 인터넷이 널리 확산되면서, ATM 방식은 단지 QoS(Quality of Service, 서비스 품질)가 좋은 전달 방식이라는 의미밖에 남지 않게 되었다. ATM에서 IP로의 방식 변환 과정에서 발생하는 지연, 프로토콜 변환 기능 수행에 필요한 값비싼 특수 라우터(NAS) 장비 등을 고려할 때, 현실적으로 ATM 방식보다는 IP 방식을 선호할 수밖에 없게 된 것이다.

ATM 방식에서 IP(이더넷) 방식으로 전환함으로써 모든 네트워크에서 동일한 프로토콜을 사용하게 되었으며, 이로 인해 향후 네트워크 확장이 쉬워지고 고객들에게 더욱 안정적이고 저렴한 초고속 인터넷 서비스를 제공할 수 있게 되었다.

08 인터넷 독립의 날

기술의 발달은 새로운 서비스를 탄생시키고, 그러면서 그에 대한 수요도 생겨난다. 그러다 이용자가 어느 정도 이상 증가하게 되면 기존 서비스의 한계가 나타나기 시작하고, 그로 인해 더욱 높은 기술의 진보가 이루어진다.

우리 초고속 인터넷망의 진화도 마찬가지였다. 여기에서는 KT의 기간망과 라우팅(routing) 고도화를 중심으로 우리 초고속 인터넷망의 기술적 진화 과정을 살펴보자.

늘어나는 가입자, 늘어나는 품질 불만

세계적으로도 유례가 없는 대기록을 세워나가면서 2000년 이후 우리나라의 초고속 인터넷 가입자는 급속도로 늘어갔다. 가입자가 늘어나면서 트래픽 또한 증가했고, 서비스 품질에 대한 가입자들의 불만도 서서히 고개를 들기 시작했다. 접속이 불안정하다거나 속도가 느리다는 내용이 대부분이었다.

전화와 달리 인터넷은 야간 사용자가 많다. 그런데 가입자가 동시에 몰리면 시스템이 불안정하게 되고, 따라서 KT 직원들은 보통 회사원이라면 모두 잠이 드는 밤 12시부터가 더욱 긴장되는 시간이었다. 순번을 정해 야근을 하며 올빼미 근무를 하기도 하고, 퇴근을 해도 언제 어디서든 핸드폰을 꺼놓지 못하는 24시간 대기 상태였다.

서비스가 특히 불안정한 날은 항의 전화가 빗발쳐 업무가 마비될 지경에 이르기도 했다. KT 직원들에 따르면, 당시 하루 평균 70통의 전화를 받았는데 그중 반은 심한 욕설로 시작됐다고 한다. 오후 2시쯤 되면 이미 목이 쉬기 시작했고, 낮에는 전화 받느라 일할 시간이 없어서 본연의 업무는 야근하면서 하기도 했다. 그때 밥을 빨리 먹는 버릇이 생겼다는 직원도 있었다. 10분 내로 식사하고 올라와서 또 전화를 받아야 했기 때문이다.

이런 불만이 나타난 이유는 무엇보다 가입자와 전화국 사이의 거리가 2km 이상 벌어지면 속도가 떨어지는 ADSL 기술의 특성에 있었다. 하지만 그것만이 이유는 아니었다. 초고속 인터넷 회선이 양적으로 팽창하면서 기존의 기간망과 노드(인터넷 중계국) 장비들의 성능을 한 단계 향상시켜야 할 시점이 온 것이다.

경계선 밖의 서러움

우리나라 초고속 인터넷 통신 사업자들의 기간망과 노드의 주요 장비들은 모두 미국에서 설계, 생산된 것들이었다. 당시만 해도 인터넷의 발상지인 미국 등 통신 선진국에서 모든 장비를 일방적으로 사다 쓰는 형편이었던 것이다. 장비 자체뿐 아니라 운용 기술 또한 외국 제조사에 의지할 수밖에 없었다. 제조사들은 자신들의 기술과 노하우가 유출되는 것을 경계해, 지극히 배타적으로 장비 운용과 관리를 해왔기 때문이었다.

운용 중 장애가 발생할 경우, KT 운용팀 직원의 첫 번째 행동은 그 누구라도 '전화한다'일 수밖에 없었다. 네트워크에 이상이 생기면 작은 것이라도 우선 제조사에 알려야만 했던 것이다. 작은 부품 하나라도 변경이나 교체를 하기 위해서는 의무적으로 이들의 손을 거쳐야만 했다.

기술 유출을 우려해 작업 과정을 가까이에서 보는 것조차 허락하지 않았다. 이들 제조사들은 심지어, 장비 변경이나 교체 작업을 하기 전에 붉은색 테이프를 장비 주변에 죽 둘러가며 경계선을 설치하고, 자회사 관계자가 아니면 그 안으로 들어오지도 못하게 했다.

KT 중계국 한복판에서, KT 소유 장비에 대한 작업을 진행하는데도, 정작 주인인 KT 직원은 경계선 밖으로 쫓겨나 손 하나 댈 수 없었다. 이것이 KT 초고속 인터넷 운용팀이라면 모르는 사람이 없는 '빨간 줄'의 서러움, 엔지니어로서 잊을 수 없는 자괴감을 느껴야 했던 순간이었다.

인터넷 독립의 날

초고속 인터넷 사업은 눈에 보이는 하나의 상품을 생산해내는 것이 아니라 서비스를 제공하는 것이다. 물론 통신선이나 라우터, DSLAM, 모뎀 등 여러 가지 장비를 필요로 하지만, 장비를 가져다놓고 망을 구성했다고 해서 끝나는 것이 아니다. 오히려 거기서부터가 시작이다. 설계 기술과 운용 기술 등이 필요하고, 이러한 기술과 노하우를 제대로 갖추고 있는 사업자가 더 좋은 초고속 인터넷 서비스를 제공할 수 있다.

1999년, KT 안에서 뜻을 같이하는 소수의 엔지니어들이 모였다. ADSL 가입자가 급속히 늘어나면서 소수의 가입자만을 대상으로 하던 기존의 체계로는 빠른 속도, 양질의 서비스를 제공하기 어려운 상황이 되고 있었다. 따라서 망의 설계와 운용을 우리 손으로 할 수 있는 조직을 만들어보자는 것이 이들의 생각이었다. 그러나 이들은 6개월 만에 흩어졌고, 최초의 시도는 무위로 돌아갔다.

그리고 2000년 6월, KT 혜화지사에 다시 한 번 태스크포스팀이 꾸려졌다. "우리 인터넷망을 우리가 직접 설계, 설치, 변경하고 핵심적인 엔지니어링 기술을 확보하자", 이 같은 목표로 탄생한 것이 통신망연구소에서 인터넷 설계를 담당하던 연구원들을 주축으로 현장의 A급 엔지니어들이 가세하여 구성된 여덟 명의 '코넷 상세설계 전담반'이었다.

상세설계 전담반에게 떨어진 특명은 코넷의 기간망을 정비하여 대역폭을 전폭적으로 늘리고, 라우팅 프로토콜의 체계를 새로 설계·변경해 고도화하는 것이었다. 말하자면 시내버스의 체계를 새로 정비하는 것으로, 버스 노선을 모두 바꾸고 번호를 새로 다는 일이었다.

이는 세계적으로도 전례를 찾기 어려울 정도로 대대적인 규모의 라우팅 프로토콜 변경 작업이었다. 그러나 이들은 원칙을 세웠다. 설계부터 실제 변경 과정에 이르기까지 모두를 우리 손으로 한다는 것이었다.

하지만 설계 전담반의 시도에 대해 회사 안팎의 시선이 곱지만은 않았다. 외국 장비업체는 견제와 경계의 눈초리를 보냈고, 워낙 엄청난 작업인 만큼 사내에서도 과연 될까 하는 회의적인 반응이 많았다.

라우팅 프로토콜 변경 작업은 오랜 시간을 두고 조금씩 할 수 있는 것이 아니라, 시스템 전체를 단번에 바꾸는 일이다. 시스템을 변경하는 동안 단 1초라도, 수백만 사용자가 실시간으로 이용하고 있는 인터넷 서비스에 장애가 생기지 않도록 해야 하는 것이 관건이었다. 따라서 설계를 진행함과 동시에 가능한 한 모든 시나리오를 실험을 통해 사전에 검증해야만 했다.

설계 전담반은 라우팅 프로토콜 설계 작업과 함께 연구실 한켠에 테스트베드(test bed)를 만들고 셀 수 없이 많은 시뮬레이션을 해나갔다. 첫 번째 시뮬레이션 결과, 변경 작업을 하는 동안 인터넷에 장애가 생긴 시간이 무려 10분에 달했다.

10분이란 엄청난 시간이었다. 당시 KT의 초고속 인터넷 가입자는 300만 명 정도였으니, 이들의 인터넷이 10분 동안 마비된다면 그 피해는 걷잡을 수 없는 것이 될 터였다. 설계 전담반은 목표를 정했다. '10분을 5초까지 끌어내리자'는 것이었다.

처음 10분은 8분으로, 5분으로, 마침내 1분으로 줄어나갔다. 그 다음은 1초와의 전쟁이었다. 그렇게 설계와 실험을 반복하는 작업이 1년 가까이 계속됐다. 인터넷 기술 독립을 위한, 길고도 힘겨운 싸움이었다.

그간 설계 전담반 여덟 명에게 휴일이란 없었고, 야근과 밤샘 작업만이 반복됐다. 임신 7, 8개월 때까지 밤을 새워가며 일했던 팀원도 있었고, 예비 장모님으로부터 이렇게 계속 바쁜 사람이라면 딸을 못 주겠다는 말을 들었던 팀원도 있었다. 하지만 힘들고 고될수록, 그만두더라도 이 일만은 성공하고 그만두겠다는 각오 또한 강해졌다고 한다.

마침내 2001년 6월, 모든 준비를 마친 설계 전담반은 전국 KT 인터넷망의 허브인 KT 혜화지사의 라우팅 프로토콜 변경 작업을 시작했다. 이번에는 우리가 주인이었다. 붉은 선 밖에서 손 하나 댈 수 없던 처지를 뒤엎는 획기적인 전기를 마련할 수 있을 것인가, 인터넷 장애를 얼마로 줄일 수 있을 것인가. 48시간에 걸친 초긴장 속의 레이스였다.

그리고 그들은 해냈다. 애초에 목표로 했던 것은 5초. 그러나 실제로는 단 1초의 장애도 발생하지 않았다. 이 정도 규모의 네트워크를 어떤 장애도 없이 변경한 것은 전 세계적으로도 찾아보기 어려운 일이었다. 경계선 밖으로 밀려났던 과거의 서러움과 자괴감을 한 번에 벗어버린 쾌거. 명실공히 인터넷의 '독립일'이라고 부를 정도로 커다란 자부심을 느끼게 해준 사건이었다.

라우팅 고도화 이후, 기존의 복잡했던 체계 때문에 생긴 장애들이 현격하게 감소하면서 초고속 인터넷 서비스의 속도와 품질이 향상됐다. 외국의 장비 제조사에서 오히려 KT 측에 자문을 구하는 일이 많아졌다. 또한 얼마 뒤에는 중국의 요청을 받고 컨설팅을 해주기도 했다. 우리의 기술과 노하우를 수출할 수 있는 단계가 된 것이다. 당시 컨설팅을 받은 중국 국영통신사 부사장은, 한국이 어떻게 인터넷 강국이 될 수 있었는지 이제야 알 것 같다며 찬사를 보냈다고 한다.

초고속 인터넷망의 척추, 기간망 현황

인터넷은 거미줄처럼 복잡하게 얽혀 있는 네트워크다. 하지만 아무리 복잡해도 그 선로를 효율적으로 빠른 속도로 유지하기 위해서는 뼈대, 즉 척추가 되는 대용량 선로를 중심으로 가지를 뻗어나가는 형태가 효과적일 것이다. 그런 역할을 하는 것이 바로 기간망(backbone network)이다. 인체에서 모든 뼈가 척추를 중심으로 뻗어나가듯, 모든 네트워크에 연결돼 있는 최상위 네트워크가 기간망이라고 보면 된다.

초고속 인터넷 시대의 화려한 진화와 함께, 혹은 그보다 한 발씩 앞서가며, 인터넷망의 척추라고 할 수 있는 기간망 또한 고도화와 발달을 거듭해왔다. 그 과정에는 KT의 라우팅 프로토콜 변경 작업과 마찬가지로 많은 이들의 치열한 고민과 그들이 흘린 땀이 있었고, 그러한 과정을 거쳐 각 통신 사업자들의 기간망이 오늘의 모습을 갖추게 되었다.

전국 규모의 기간망 사업자 가운데 주요 3개 사업자들의 기간망 현황(2006년 기준)을 보면 다음과 같다.

① **KT-코넷(KORNet)** | 1994년 6월 서울 지역을 서비스권으로 하여 시작된 코넷은 현재 전국 90여 개 지역에 2.5~10Gbps의 고속 전송망을 구축하고 있다. 또한 미국과의 26Gbps 회선을 비롯해 15개국과의 인터넷 국제 회선을 소유하고 있다.

트래픽으로 인한 속도 감소 등을 줄이기 위해 주요 대도시 사이에는 10Gbps, 중소도시 사이에는 622Mbps~2.5Gbps에 달하는 대용량 전송로를 확보하고 있다. 또한 전국 90여 개 노드에는 이원화와 우회 경로 체제가 갖춰져 있다.

② **데이콤-보라넷(BORANET)** | 데이콤의 보라넷은 전용 회선을 통해 이용자들이 국내와 해외 인터넷에 접속할 수 있도록 하는 서비스다. 보라넷의 국내 기간망은 전국에 직접노드 72개와 연동노드 400여 개가 구축돼 있다.

전국 도시 간에는 310Mbps~40Gbps 용량의 회선이 2개씩 이중화되어 있다. 또한 전국적인 라우터 장비 역시 이중화돼 있어, 부분적인 회선 장애나 연동장비 장애로 인한 문제를 최소화할 수 있는 체계를 갖추고 있다.

③ **하나로텔레콤-하나넷(HANANet)** | 서울, 부산, 인천, 울산 등 4개 도시를 기점으로 1999년 4월 서비스를 개시한 하나로텔레콤은 전국 85개 도시 전역에 광케이블을 기반으로 한 초고속 인터넷 서비스를 제공하고 있다. 2000년 6월부터는 무선 초고속 인터넷 서비스를 시작했으며, 아시아 최대 규모의 IDC(인터넷데이터센터)인 NGENE를 건립하여 인터넷 서비스와 전자상거래 서비스를 실시하고 있다.

전국에 200개의 접속 노드를 운용하고 있는 하나로텔레콤은 대도시 간에는 40~800Gbps, 중소도시 간에는 155Mbps~10Gbps 용량의 전송로를

(자료 : 『2006 한국인터넷백서』)

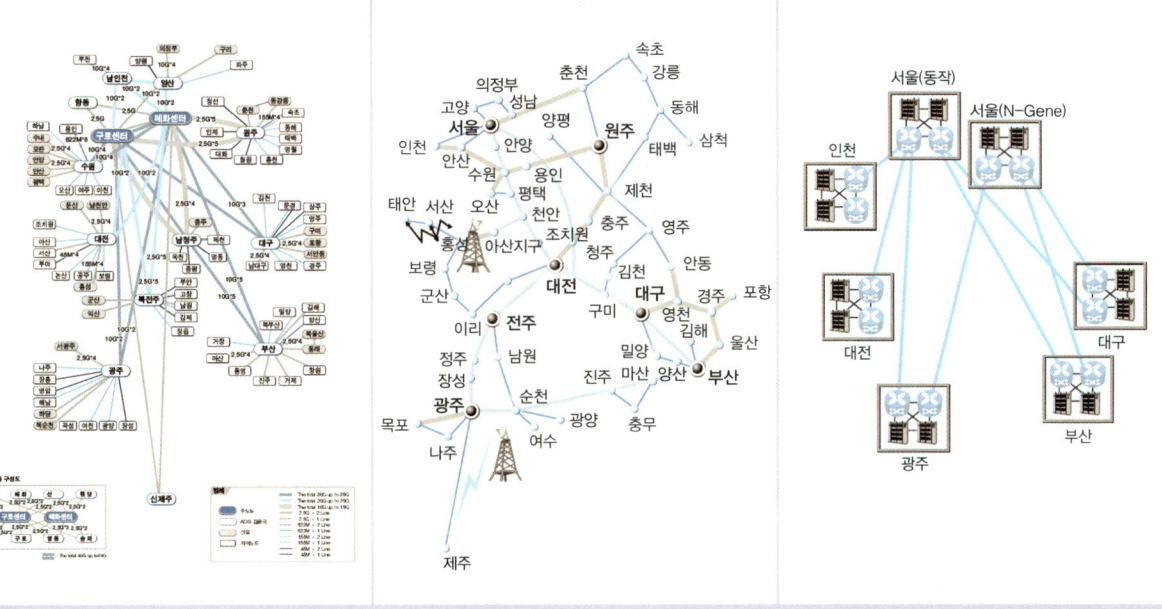

KT-코넷 기간망 구성도   데이콤-보라넷 기간망 구성도   하나로텔레콤-하나넷 기간망 구성도

확보하고 있다. 하나로텔레콤 또한 전국 노드 사이의 이중화 및 우회 경로를 구축해놓고 있다.

라우터는 자동차, 라우팅 프로토콜은 운전사

우리가 쓰는 컴퓨터는 각 지역 노드에 설치돼 있는 라우터(router)라는 장비에 연결돼 있다. 라우터는 인터넷에 접속할 때 반드시 필요한 핵심 장비 중 하나로, 인터넷을 통해 이동하는 데이터 패킷(데이터 묶음)에 담긴 목적지의 주소를 읽고 가장 적절한 통신 경로를 찾아주는 장치다. 즉, 서로 다른 프로토콜(통신규약)을 쓰는 네트워크에서, 데이터 패킷을 목적지까지 보내는 가장 안전하고 빠른 길을 선택하는 것이 라우터의 역할이라고 보면 된다.

그런데 여기서 의문이 하나 생기게 된다. 인터넷은 전 세계의 서로 다른 컴퓨터가 TCP/IP라는 같은 프로토콜을 쓰는 네트워크라고 했는데, 왜 '서로 다른 프로토콜을 쓰는 네트워크'라는 말이 나오는 것일까.

그것은 프로토콜이 '라우팅 프로토콜'과 '라우티드 프로토콜' 두 가지로 나뉘기 때문이다. 라우티드(routed) 프로토콜이란 말 그대로 라우팅을 당하는, 즉 라우터가 라우팅을 해주는(경로를 찾아주는) 고객을 말한다. 우리가 알고 있는 TCP/IP 프로토콜은 여기에 속한다. 반면 라우팅(routing) 프로토콜은 라우터가 빠르고 정확하게 경로를 찾도록 도와주는 역할을 한다.

좀 더 쉽게 설명하면 이렇다. 라우터를 자동차라고 하자. 그렇다면 라우티드 프로토콜은 그 자동차를 타고 여행을 떠나는 승객이다. TCP/IP 같은 프로토콜이 라우터라는 자동차를 타고 다른 네트워크로 여행을 가는 것이다. 그리고 라우팅 프로토콜은 라우터라는 자동차를 빠르고 안전하게 운전하는 운전사다. 라우티드 프로토콜이 원하는 목적지까지 가장 빠르고 안전하게 갈 수 있도록 하는 것이 라우팅 프로토콜인 것이다. 자동차(라우터) 자체의 기본적인 성능도 중요하지만, 같은 자동차라도 어떤 운전사(라우팅 프로토콜)를 쓰느냐에 따라 자동차의 성능이 달라지게 된다. 라우팅 프로토콜의 중요성이 바로 여기에 있다.

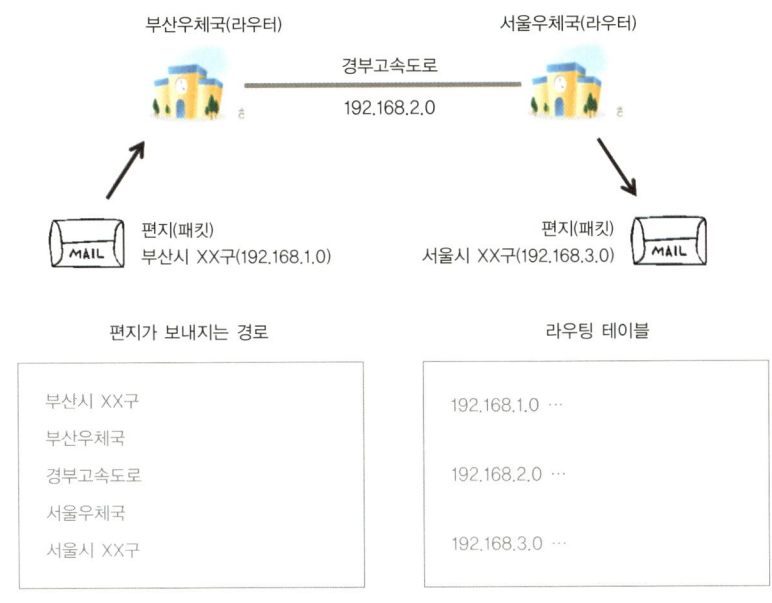

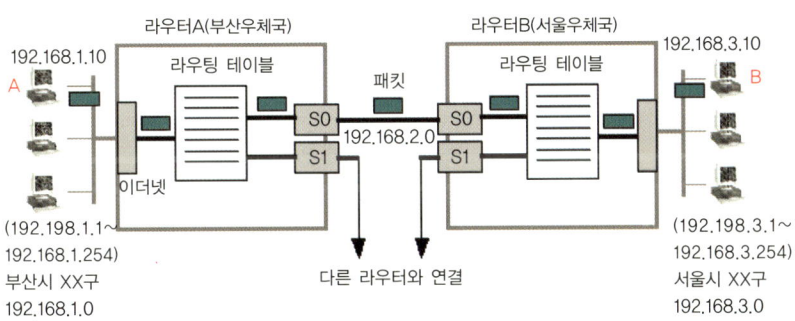

● 라우터의 작동 원리

우리가 편지를 부치면 우체국에서는 편지에 적힌 주소를 보고 우편물을 분류해 해당 지역의 우체국으로 보내고, 그곳에서 편지를 전해준다. 이와 마찬가지로 라우터도 패킷 헤드 부분의 주소를 읽고 해당 네트워크에 연결된 라우터에 패킷을 보내 최종 목적지까지 전달하게 된다. 그리고 편지마다 보내지는 경로가 있듯이, 라우터는 패킷이 전송되는 경로를 테이블을 만들어 관리하는데 이것을 '라우팅 테이블(Routing Table)'이라고 한다. 라우터는 라우팅 테이블에 설정된 대로 목적지까지 패킷을 보내게 된다.

라우팅 프로토콜은 다른 말로 라우팅 알고리즘(algorithm, 문제를 해결하기 위한 방법)이라고도 불리는데, KT의 '코넷 상세설계 전담반'이 2001년 6월에 이뤄낸 작업의 근간이 바로 이 라우팅 프로토콜 변경(구체적으로는 ISIS로의 변경)이었다. 즉, 우리 인터넷망에 더욱 적합하고 고도화된 라우팅 프로토콜을 우리 힘으로 설계, 변경해낸 것이다.

라우팅 프로토콜의 운용은 인터넷의 확장과 운용에 매우 중요한 역할을 한다. 현재 통신 사업자들이 사용하고 있는 라우팅 프로토콜의 종류에는 IGP(Interior Gateway Protocol) 프로토콜로 ISIS, OSPF 등이 있고, EGP(Exterior Gateway Protocol) 프로토콜로는 BGP4 등이 있다.

인터넷망은 따로따로 움직이는 개체가 아니라 여러 개의 망들이 복잡하게 연결돼 매순간 변화와 발전이 일어나고 있는 하나의 커다란 유기체이다. 그러한 거대한 유기체 안에서 라우팅 프로토콜은 매우 중요한 역할을 하기 때문에, 라우팅 프로토콜의 운용 기술을 확보한다는 것은 큰 의미를 갖는다.

09 초고속 인터넷 가입자 1,000만 시대

세계가 주목한 IT 월드컵

2002년 5월, 부산과 일본 후쿠오카 및 규슈를 연결하는 해저 광케이블망(KJCN)이 개통됐다. 우리나라에서는 KT, 일본에서는 NTT, 재팬텔레콤, 규슈전력회사 등 4개 사업자가 총 공사비 6,000만 달러를 공동 투자해서 구축한 것으로, 과거 조선통신사가 왕래하던 해상 루트를 따라 한일 간의 최단 거리인 250km 구간에 연결됐다.

KJCN의 총 길이는 250km로, 1쌍당 240Gbps의 데이터를 전송할 수 있는 광케이블 12쌍으로 구성돼 있으며, 설계용량은 2.88Tbps이다. 이는 1초당 CD-ROM 4,500개 분량의 데이터를 전송할 수 있는 속도로, 288만 명의 1메가급 초고속 인터넷 이용자가 동시에 이용할 수 있는 규모다. 이로써 한국은 눈앞으로 다가온 '2002 월드컵'에서 방송·통신망의 핵심적 역할을 할 수 있는 또 하나의 인프라를 갖추게 된 것이다.

2002년 6월, 월드컵이 온 나라를 뒤흔들었다. 한편에서는 우리 대표팀의 드라마 같은 4강 진출이 4천만의 가슴을 설레게 했고, 다른 한편에서는 'IT 월드컵'이라는 또 하나의 월드컵을 통해 우리 정보통신 기술이 전 세계를 매혹시켰다.

미국의 『월스트리트 저널』은 "한국이 한일 월드컵을 계기로 자국의 하이테크 산업을 집중 부각시켜 IT 강국 한국의 위상을 세계에 알리는 데 성공하고 있다(2002년 6월 3일)"고 전했고, 영국의 『파이낸셜 타임스』는 "경제 효과로 승부를 거는 월드컵 장외 경기에서는 한국이 일본을 참패시킬 것(2002년 6월 4일)"이라고 전망했다. 우리 언론들도 "IT 코리아, 세계가 깜짝", "IT 월드컵 합격점", "IT도 대~한민국" 등의 제목 아래, 세계의 주목을 받은 'e-코리아'의 소식을 전했다.

부산과 일본을 연결하는 해저 광케이블망 KJCN의 구성도. 과거 조선통신사가 왕래하던 해상 루트를 따라 한일 간의 최단 거리인 250km 구간에 연결됐다.

KJCN 개통식(부산, 2002. 5. 16.)

이러한 성공이 있기까지 월드컵조직위원회와 정보통신부, 그리고 여러 IT 업체들은 발 빠르게 움직였다. 우선 한국을 방문하는 비행기 기내부터 공항, 경기장, 숙소 등에서 디지털 TV와 3세대 이동통신, 초고속 인터넷 등의 앞선 기술을 시연, 체험할 수 있게 했다. 월드컵 개최 도시에 설치된 10개 IT 기술 체험관에는 하루 4,000여 명의 외국인이 다녀갔으며, '아시아 IT 장관회의', 'OECD 회원국 대표 워크숍' 등 국제 행사에서는 한국 IT산업의 발전상을 알렸다.

외신 기자들은 특히 한국의 초고속 인터넷 서비스에 감탄사를 연발했다. 각 경기장에는 2Mbps급 회선이, 국제미디어센터(IMC)나 조직위원회 등 대규모 트래픽 수요처에는 45Mbps급 회선이 제공됐고, 외신 기자들은 무선

●IT 투어의 첫 코스인 코엑스에서 휴대폰과 초고속 인터넷 서비스를 접하고 있는 외국인들. 대규모 인터넷 카페와 PC방에서는 한국 젊은이들과 게임도 하고 춤도 추기도 했다.
●●영화 '007 시리즈'의 주인공(제임스 본드)으로 유명한 로저 무어가 KT플라자를 방문하고 있다.

인터넷을 이용해 초고속으로 기사와 사진을 바로바로 송출할 수 있었다.

정보통신부와 월드컵 공식 파트너였던 KT가 외신 기자들을 대상으로 진행한 'IT 투어'도 인기가 높았다. 첨단 IT를 체험할 수 있는 KT플라자를 중심으로 청담동 PC방, 명동 드라마하우스, 남산 한옥마을 등을 돌아보며 IT 코리아의 발전상을 직접 느끼게 하는 투어였다.

외국 취재진들에게 PC방과 무선 초고속 인터넷 등은 놀라움 그 자체였다. 취재진들은 "great, cool!"을 연발했다. 이 같은 경험들이 월드컵 경기 결과와 함께 자국으로 전해져 우리 인터넷 인프라의 면면이 알려졌고, 인터넷 강국 대한민국의 위상을 전 세계에 알리는 계기가 되었다.

초고속 인터넷, 1,000만 시대를 열다

2002년, IT 코리아는 다사다난하고도 눈부신 한 해를 보냈다. 우선 월드컵을 통해 지구촌 60억 인구에게 IT 강국의 위상을 각인시키면서, 세계에 'IT 코리아 배우기 열풍'을 일으켰다. 휴대폰이 수출 1위 품목으로 등극했으며, 이동전화 가입자가 3,000만 명을 넘어섰다. 또한 KT와 파워콤이 민영기업으로 새출발하며 정보통신의 새로운 역사를 써 내려가기 시작하기도 했다.

그리고 또 한 가지. 2002년 10월을 기준으로 우리나라의 초고속 인터넷 가입자가 1,000만 명을 돌파했다. 1998년 6월 두루넷이 케이블 TV망을 이용해 처음 서비스를 실시한 이래 4년여 만에 이뤄낸 쾌거였다.

1999년 37만 명에 불과하던 국내 초고속 인터넷 가입자는 2000년에는 400만 명, 2001년에는 780만 명으로 급증했고, 2002년 10월 마침내 1,000만 명을 넘어섰다. 전국 200여 개 읍 지역과 1,200여 개 면 지역의 98%에 보급됐으며, 전체적으로는 전국 1,450만 가구의 약 70%가 초고속 인터넷 서비스

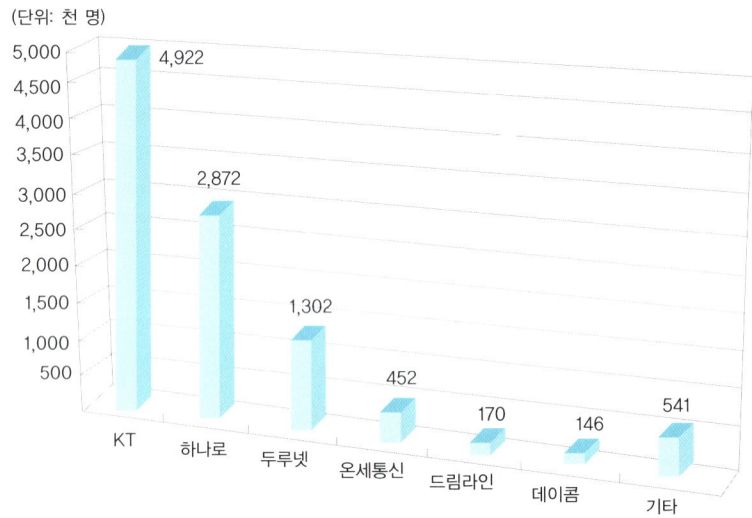

2002년 사업자별 초고속 인터넷 가입자 수(2002. 12. 31.)

에 가입한 것이다. 집집마다 정보 고속도로가 놓여 있는 '1가구 1회선' 시대를 눈앞에 두게 된 것이다. 사업자별 가입자 수를 비교해보면, KT가 458만 명으로 시장 점유율 1위 자리를 지켰고, 하나로텔레콤이 286만 명, 두루넷이 131만 명 순이다.

초고속 인터넷 가입자 1,000만 시대는 최첨단의 정보통신 인프라가 구축됐음을 상징한다. 이 덕분에 산업 전반과 일상생활에도 변화가 뒤따랐다. 네티즌 또는 누리꾼이라 불리는 새로운 형태의 시민층이 등장했고, 이들의 힘은 빠른 속도로 성장하며 새로운 여론 형성과 문화 창조의 주역으로 자리 잡기 시작했다.

산업적인 측면으로는 초고속 인터넷을 이용한 재택 근무자가 늘어났는가 하면, 온라인 증권 거래 비율은 2002년 7월 말 기준으로 64%, 온라인 뱅킹 가입자는 1,448만 명에 달하게 되었다. 정보통신부의 발표에 따르면, 4년간 초고속 인터넷망 구축에 투자된 금액은 11조 원 규모이며, IT 등 관련 산업의 생산 유발액이 17조 원, 부가가치 유발액이 5조 8,000억 원, 고용 유발은 59만 명이라는 파급 효과를 가져왔다고 밝혔다.

외신 기자들의 e-코리아 체험기

■ PC방에서 감탄사 연발

IT 투어에서 서울의 한 PC방을 둘러본 외신 기자들은 탄성을 감추지 않았다. 이들은 우선 펜티엄-4급 컴퓨터 100여 대가 설치돼 있는 PC방의 규모에 놀랐다. 뿐만 아니라 "PC방을 이용하는 한국민들의 열기와 IT 마인드 역시 세계 최고"라며, 역시 초고속 인터넷 분야에서 한국이 세계 정상이라고 평했다.

■ 화상 전화로 신용카드를 되찾다

멕시코 멕스포트 사의 데이비드 리 기자는 서울 삼성동의 국제미디어센터에 자신의 신용카드를 깜빡 잊고 두고 나왔다. 카드를 발견한 한국인 근무자는 리 기자의 코넷 이메일 계정으로 자초지종을 알렸고, 다음날 개막식을 취재하기 위해 상암 월드컵 경기장에 온 리 기자는 경기장 안 KT 텔레콤 센터에서 국제미디어센터로 화상 전화를 걸었다. 화상 전화를 통해 자신의 신용카드를 최종 확인한 리 기자는, 화면으로 신용카드를 보여주자 무척 고마워하면서 우리 IT 기술의 우수성과 편리함에 새삼 놀라워했다고 한다.

■ 프랑스 전역에 소개된 무선 인터넷 기술

프랑스 방송사인 FT1 기자들은 특히 KT의 무선 초고속 인터넷 '네스팟'에 매료됐다. 물론 이들도 처음에는 미심쩍어했다. 그러나 네스팟이 어떻게 동작하는지, 속도는 어느 정도나 되는지를 부산 월드컵 경기장과 서울 이태원에서 직접 시연해 보이자 엄지손가락을 높이 들었고, FT1 측은 결국 이 서비스를 대상으로 프로그램을 제작, 프랑스 전역에 방영하기로 결정을 내렸다.

■ 인터넷으로 찐빵을 사고팔다

IT 투어 중 강원도 황둔마을을 방문한 외신 기자들은 이곳 찐빵의 독특한 맛에 즐거워했다고 한다. 이들에게 더욱 인상적이었던 것은, 이 찐빵을 비롯해 많은 농산물들이 인터넷으로 거래돼 소비자에게 직접 전달된다는 사실. 한 외신 기자는 "IT 기술이 다른 산업의 형태도 바꾼다는 이야기를 실감할 수 있는 기회였다"며 우리나라 인터넷 인프라에 감탄을 표했다.

● IT 투어의 하나로 우리나라 최초의 농촌정보화마을인 황둔마을에 외신 기자들 144명이 방문했다. 이곳 찐빵의 독특한 맛뿐만 아니라 인터넷을 이용한 도시·농촌 간 직거래는 이들에게 깊은 인상을 남겼다고.

■ 서비스뿐 아니라 사용자 또한 IT 강자

국내 취재진들은 첨단 인터넷 서비스를 아무 무리 없이 사용해 외국 기자들의 부러움을 샀다. 외신 기자들 중에는 컴퓨터나 인터넷에 익숙하지 못한 사람들이 상당수 있었기 때문이다. 덕분에 KT 직원들은 네트워크나 케이블 수리보다는 컴퓨터 세팅을 해주러 다니느라 더 바빴다고 한다. 초고속 인터넷 서비스에 익숙한 사용자들이 인터넷 강국의 면모를 보여준 예다.

10

인터넷 강국 최대의 위기,
1·25 침해사고

가입자 1,000만을 돌파하며 세계적으로도 위상을 높였던 2002년. 그러나 다음해인 2003년 1월, 인터넷 강국의 명성을 뒤흔드는 일이 발생한다. 웜으로 인해 전국의 인터넷망이 일제히 마비된 이른바 '1·25 인터넷 침해사고'였다. 우리 인터넷 역사상 최초, 최대의 위기였다.

2000년 이후 초고속 인터넷 시장에서 확고부동한 1위를 지키고 있던 KT 인터넷망의 심장, 혜화지사를 중심으로 1·25 침해사고 당시 숨 막혔던 위기 상황과 진화의 과정을 돌아보자.

숨 막히는 40시간, 시간대별로 본 1·25 침해사고

● 1월 25일 pm. 2 : 30

2003년 1월 25일 토요일 오후 2시 30분, KT 혜화지사 망관리센터에서 평상시와 다른 징후가 포착됐다. 특정 구간 회선의 트래픽이 일정 수치를 넘어섰다는 가청·가시 경보, 즉 삐- 소리와 함께 모니터상에 일부 회선이 붉은색으로 변하는 경보가 뜬 것이다. 전국을 뒤흔든 1·25 침해사고의 시작이었다.

비상 소집령이 떨어졌다. 토요일 오후를 보내던 KT 전 직원에게는 일제히 긴급 통보가 날아갔다. 그 시각, 전국의 인터넷 사용자들은 이상한 현상을 경험하고 있었다. 갑자기 속도가 느려지고 접속도 불안정해진 것이다.

이렇게 갑작스런 인터넷 마비 현상은, 트래픽이 순간적으로 몇 배로 급증하면서 해외망과의 연결 부분에 병목 현상이 발생했고, 이로 인해 노드의 주요 서버 중 하나인 DNS(Domain Name System 또는 Domain Name Server)의 처리 속도가 급격히 느려지면서 나타난 것이었다.

● pm. 2 : 45

초당 1,000~2,000건을 처리하던 DNS 서버에 초당 10만 건 이상의 엄청난 콜이 밀려들면서, 사용자들에게는 인터넷망이 다운된 것처럼 느껴질 만큼 DNS 서버의 처리 속도가 느려졌다.

우선 인터넷상에 존재하는 13만 개의 인터넷 서비스 통로 중 정확히 어느 곳에서 트래픽이 급증했는지를 파악하고 그 통로를 봉쇄하는 일이 시급했다. 트래픽이 급증한 지점은 바로 밝혀졌다. 1434번 포트였다. 1434번 포트를 막아도 인터넷망에 큰 지장이 없는지를 판단한 뒤, 1434번 포트 봉쇄 작업이 시작됐다. 해외망으로 나가는 1434 포트뿐 아니라 각 지역과의 연결 지점까지 막았다.

봉쇄 작업과 동시에 급증한 패킷의 내용 분석에도 들어갔다. 문제를 일으킨 패킷이 어떤 특성을 갖고 있는지부터 알아야 대응책을 세울 수 있기 때문이었다.

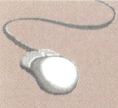

'포트(port)'란?

컴퓨터는 여러 명령어나 프로그램을 동시에 처리하며 작동하고, 컴퓨터와 컴퓨터가 통신할 때도 여러 종류의 메시지를 동시에 보내고 받는다. 수신된 메시지를 종류별로 구분해야 올바른 처리가 가능한데, 포트 번호는 컴퓨터가 메시지를 구분하는 기준이 된다. 특히 컴퓨터의 클라이언트 프로그램과 서버의 프로그램 사이에 통신을 하기 위해 서로 약속된 포트 번호가 지정되어 있다. 대표적으로 80번 포트는 우리가 접속하는 웹페이지의 웹서버와 통신할 때 사용하는 포트이고, 21번은 FTP 서버에 접속해서 파일을 업로드하고 다운로드할 때 사용하는 포트이다.
1·25 인터넷 침해사고 때 웜이 사용하는 1434번 포트를 막음으로써 웜의 통신 활동을 차단하고 피해를 줄일 수 있었다.

보안팀은 노트북을 들고 뛰어다니다시피 하며 문제를 일으킨 패킷의 샘플을 채취, 실험실로 옮겨 분석 작업에 돌입한다.

● pm. 3 : 40

분석 결과, 이 모든 혼란이 일종의 웜에서 비롯됐다는 결론을 얻게 된다. 마이크로소프트 사에서 만든 데이터베이스 관리 운영용 프로그램인 MS-SQL 서버에 존재하는 보안 취약점을 찾아 이 점을 공략한 초강력 웜이었다. 바로 이 웜이 서버의 특정 포트, 즉 1434 포트를 통해 다른 사람의 컴퓨터나 서버에 엄청난 양의 정보를 보내고 있었던 것이다. 오후 4시경, 정보통신부에서도 각 사업자들에게 1434 포트를 차단하라는 권고를 보낸다.

● pm. 5 : 30

사상 초유의 인터넷 마비 사태에 취재진들이 몰려들어 KT 혜화지사는 북새통을 이루고 있었다. KT는 기자회견을 열어, 현재까지 밝혀진 사실과 대책 진행 상황을 발표한다.

● pm. 7 : 00

안철수연구소와 하우리 등 컴퓨터 보안업체에서는 이번 인터넷 침해사고의 원인이 슬래머 웜이라는 결론을 최종 발표하고, 슬래머 웜을 차단·방지할 수 있는 솔루션을 내놓는다. 누군가 고의적으로 남의 컴퓨터를 느리게 하거나 아예 마비시키는 악성 프로그램인 웜을 퍼뜨린 것이다.

문제가 된 1434 포트를 모두 봉쇄하면서 인터넷 접속은 거의 정상으로 돌아왔다. 급한 불은 일단 끈 것. 하지만 DNS 서버는 여전히 과부하 상태에 있었다. 인터넷이 잘 되지 않자 사용자들은 계속해서 클릭하며 접속을 시도

했고, 이로 인해 또다시 DNS 서버의 처리량이 증가하는 악순환이 반복됐기 때문이다.

　모든 기업의 업무가 일제히 재개되는 월요일 아침까지도 과부하가 계속된다면 어떤 재앙이 닥칠지 아무도 예측할 수 없었다. KT는 우선 DNS 서버의 수를 늘려 부하를 줄이는 방법을 선택한다. 당시 전국적으로 가동되고 있던 DNS 서버는 총 21대. 그 외에 대한민국에 존재하는 모든 서버를 찾아내 가져오라는 지시가 떨어졌다.

● 1월 26일 am. 11 : 30

다음날 오전, 정보통신부는 초유의 인터넷 마비 사태에 대한 기자회견을 열었다. "이번 사태가 일어난 데 대해 국민들께 송구하게 생각한다"며 대국민 사과문을 발표하고, "주말 오후 전국을 강타한 '1·25 인터넷 침해사고'의 주범은 마이크로소프트 사의 데이터베이스용 서버 프로그램인 MS-SQL 서버의 취약점을 노린 신종 웜의 확산 때문"이며, "지난 25일 오후부터 국내 인터넷망이 정상 회복을 시작했다"고 사태 추이를 보고했다. 이 자리에는 신문, 방송 등 취재진 100여 명이 모여들어 장사진을 이뤘다.

● 1월 26일 오후

그로부터 몇 시간 뒤, 모두가 초조함 속에 기다렸던 DNS 서버가 속속 도착하기 시작하면서 DNS 서버 증설 작업에 들어갔다. DNS 서버를 공급하던 협력업체들의 도움으로 오후 동안 총 17대의 DNS 서버가 증설되었다. 전국을 뒤지다시피 해서, 교육센터에 교육용으로 설치됐던 서버까지 찾아낸 것이었다.

● 1월 27일 0시

그러나 서버 증설만으로는 근본적인 대책이 되지 못한다고 판단한 KT는 곧이어 DNS 서버에 대체 보안장비를 연결하는 작업에 들어간다. 준비된 장비는 모두 세 개. 자정 무렵, 그 가운데 첫 번째 장비를 연결하기 시작했다. 세 시간에 걸친 노력, 그러나 서버가 장비를 인식하지 못해 네트워크 구성 자체에 실패하고 만다.

● am. 3 : 00

벌써 세 시간을 허비한 것이다. 곧바로 두 번째 장비 연결에 들어갔다. 역시 세 시간가량 공들인 끝에 연결에는 성공했지만, 이번에는 제대로 작동을 하지 않았다. 또다시 실패였다. 시계는 이제 6시를 가리키고 있었다.

● am. 6 : 00

남은 것은 마지막 한 번의 기회였다. 전국 모든 기업의 컴퓨터가 일제히 켜지며 온 나라의 경제가 살아 움직이기 시작할 시점까지 앞으로 겨우 한두 시간. 세 번째 장비는 널리 알려지지 않은 장비업체의 제품으로, 제대로 작동할 수 있을지 기대하기 어려운 상황이었다. 하지만 선택의 여지는 없었다.

● am. 7 : 50

기업들의 업무 개시 시각인 9시를 70분 남겨놓은 7시 50분경, 마지막 보안장비가 정상적으로 가동되기 시작했다. 긴박하게 돌아갔던 인터넷 침해사고가 40시간 만에 극적으로 한 고비를 넘기는 순간이었다.

1·25 침해사고가 남긴 것

숨 막혔던 40시간 이후에도 슬래머 웜으로 입은 피해를 완전히 복구하는 데는 한 달가량이 걸렸다. 전국 곳곳의 웜에 감염된 컴퓨터와 시스템을 확인해 가입자에게 알리고, 때로는 직접 가서 조치를 취하는 작업이 뒤따랐다.

불과 몇 분 만에 전 세계 7만 5천여 개의 시스템을 감염시켰던 슬래머 웜은 국내에서는 전 세계 피해량의 11%에 이르는 8,848개를 감염시켰다. 세계 최고의 인터넷 인프라는 갖췄지만 사이버 보안에 대한 인식과 준비는 그 수준에 미치지 못했음을 절실하게 가르쳐주었다.

더구나 인터넷 침해사고의 원인이 고도로 훈련된 해커의 고의적인 공격이 아니라 정보화 사회에서 수시로 출현하는 신종 웜 때문이었다는 점에서 충격이 더 컸다. 인터넷 강국의 명성이 사상누각은 아니었느냐 하는 반성의 목소리가 여기저기에서 터져 나왔다.

1·25 침해사고 이후 KT는 내부적으로 보안부서를 확충하고 외부에서 보안 전문가들을 채용하는 등 사이버 보안에 대한 대비책을 강화했다. 뿐만 아니라 1·25 침해사고는 다른 사업자들은 물론 정부와 일반 사용자들에게도 사이버 보안에 대한 인식과 투자를 한꺼번에 몇 단계 높이는 계기가 되었다. 뼈아픈 교훈 후에 얻은 값진 변화였다.

도메인과 DNS 서버

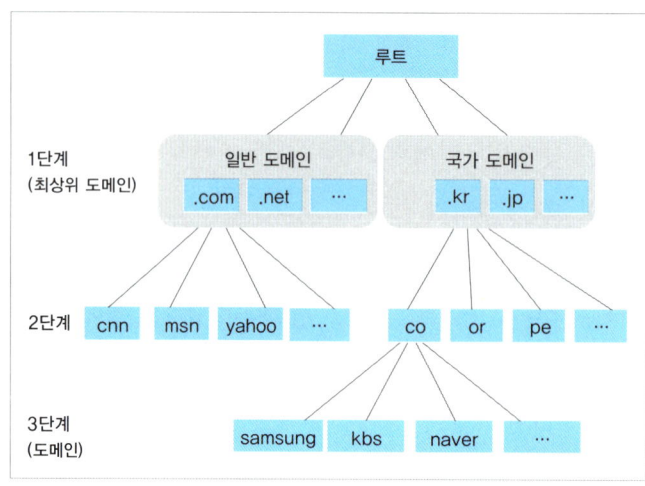

(출처 : http://nida.or.kr)

인터넷상에서 사용되는 도메인은 전 세계적으로 고유하게 존재해야 하기 때문에 공통으로 정해진 체계를 따라야 한다. 모든 도메인은 '.' 또는 '루트(root)'라고 불리는 도메인 이하에 아래 그림과 같이 역트리(inverted tree) 형태의 계층적 구조로 구성되어 있다. '루트 도메인' 바로 아래의 단계를 '1단계 도메인' 또는 '최상위 도메인'이라 부르며, 그 다음 단계를 '2단계 도메인'이라 부른다.

DNS 서버는 사람이 기억하기 쉽도록 문자로 되어 있는 도메인 네임을 컴퓨터가 처리할 수 있는, 숫자로 된 인터넷 주소(IP)로 바꾸는 역할을 한다. 예를 들어 영문자로 된 웹 사이트 주소(예: www.say.co.kr)를 컴퓨터가 이해할 수 있는 네 자리의 IP 주소(예: 211.234.110.235)로 바꿔주는 장치다.

DNS 서버는 계층 구조의 분산 체계로 구성되어 있는데, 최상위의 루트 네임 서버와 kr, com 등의 도메인 이름을 관리하는 상위 네임 서버, 그리고 상위 네임 서버로부터 위임받은 자체 네임 서버로 나뉜다. DNS 서버에 질의해서 nida.or.kr의 홈페이지 서버를 찾는 과정을 그림으로 나타내보면 다음과 같다.

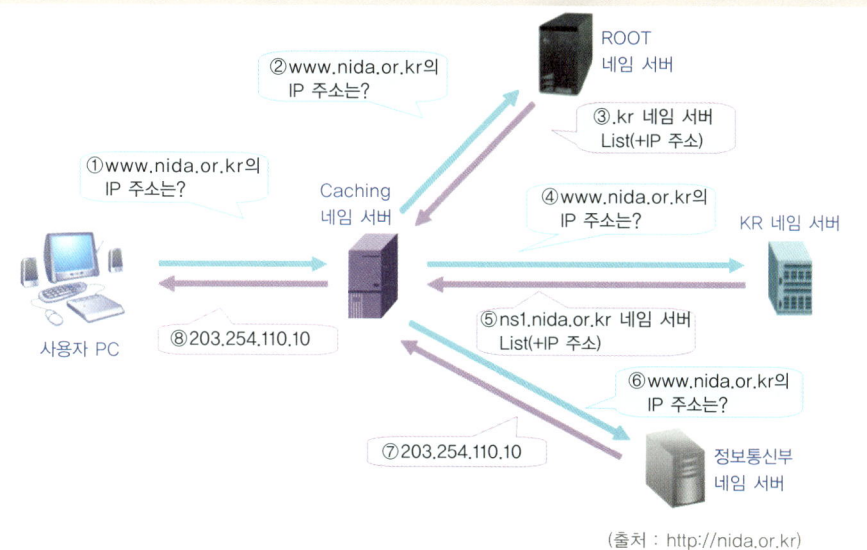

(출처 : http://nida.or.kr)

현재 국내에서 사용하고 있는 .kr 네임 서버로는 한국인터넷진흥원과 한국과학기술정보연구원(KISDI) 등 국가기관에서 운영하고 있는 서버, 그리고 KT와 데이콤, 하나로텔레콤 등 ISP들이 운영하고 있는 DNS 서버 등이 있다.

.kr의 네임 서버 위치

서버	운영기관	위치
b.dns.kr	KT	서울 혜화
c.dns.kr	LG데이콤	경기 안양
d.dns.kr		미국 산호세
e.dns.kr	한국과학기술정보연구원	대전
f.dns.kr	하나로텔레콤	서울 동작
g.dns.kr	한국인터넷진흥원	서울 서초
	베리사인	미국 덜레스
	부산인터넷교환센터	부산
	독일인터넷정보센터	독일

(출처 : http://nida.or.kr)

'웜 바이러스'라는 말은 틀린 말?

바이러스와 웜의 차이는 무엇일까? 웜 바이러스란 틀린 말일까? 1·25 인터넷 침해사고의 주범이었던 '슬래머 웜'은 종종 '슬래머 웜 바이러스'라고 불리기도 했다. 하지만 엄격히 따지면 웜과 바이러스는 다르다.

바이러스는 컴퓨터 내에 침입하여 프로그램을 변형 또는 삭제하거나 기존 프로그램의 정상적인 작동을 방해하는 악성코드를 말한다. 반면 웜은 바이러스처럼 기존의 프로그램에 침입하는 것이 아니다. 독립된 프로그램으로서 스스로 작동하며 자기 복제를 하는 웜은 인터넷 또는 네트워크에 접속된 시스템이나 단말기를 통해 이쪽 시스템에서 저쪽 시스템으로 자기를 복제하면서 네트워크의 속도를 저하시키는 등의 해를 끼치는 악성 프로그램이다. 특히 감염되는 즉시 다른 서버를 감염시키는 도미노 현상을 일으키기 때문에 '피해자가 곧 가해자'라는 등식을 성립시킨다.

웜과 바이러스가 이렇게 다름에도 불구하고 웜을 웜 바이러스라고 일컫는 경우가 많은 이유는 뭘까. 그것은 나쁜 영향을 끼치고자 하는 의도로 만들어졌음을 일반인들에게 쉽게 인식시키기 위해서라고 볼 수 있다.

1·25 침해사고에서 전 세계 인터넷망을 뒤흔들었던 슬래머 웜은 당시 역사상 가장 빠르게 전파된 웜이었다. 영국의 BBC 보도에 따르면, 슬래머 웜은 출몰 10분 만에 전 세계로 급속히 확산됐다. 8.5초마다 두 배로 확산되면서 불과 10분 만에 취약한 호스트의 90%를 감염시켰으며, 세계적으로 약 7만 5천 개 이상의 호스트가 감염됐다. 슬래머 웜의 전파 속도는 지난 2001년 7월, 30만 대를 감염시켰던 코드레드 바이러스보다 두 배가량이나 빠른 것이었다고 한다.

11
세계로 나아가는
우리 초고속 인터넷

국내-해외 간 트래픽 역전의 순간

2002년 가입자 1,000만을 돌파했던 초고속 인터넷은 2003년에 들어서 다시 1,100만을 넘어선다. 기술도 함께 진화해갔다. 2003년부터는 ADSL 기술과 같은 xDSL 계열이면서 속도가 ADSL의 여섯 배에 이르는 VDSL 서비스가 자리를 잡아가기 시작했다.

초고속 인터넷의 성공은 데이터 흐름의 방향까지 바꾸어놓는다. 코넷의 국제 인터넷 트래픽을 분석한 결과, 2003년 들어 국내에서 해외로 나가는 아웃바운드(outbound) 트래픽이 국내로 유입되는 인바운드(inbound) 트래픽을 넘어선 것으로 나타난 것이다.

우리나라에서 인터넷 서비스가 시작된 이래 국내 사용자들이 해외의 콘텐츠를 이용하는 양이 해외 사용자들이 우리 콘텐츠를 이용하는 양보다 많아왔다. 2002년 3월만 해도 아웃바운드 트래픽은 2.59Gbps 수준이었던 반면, 인바운드 트래픽은 3.69Gbps로, 해외에서 국내로 유입되는 인터넷 트래픽이 현격하게 많았다. 그러나 2002년 월드컵 직후부터 이 같은 트래픽 격차가 줄어들기 시작했고, 2003년 1월에는 마침내 아웃바운드 트래픽이

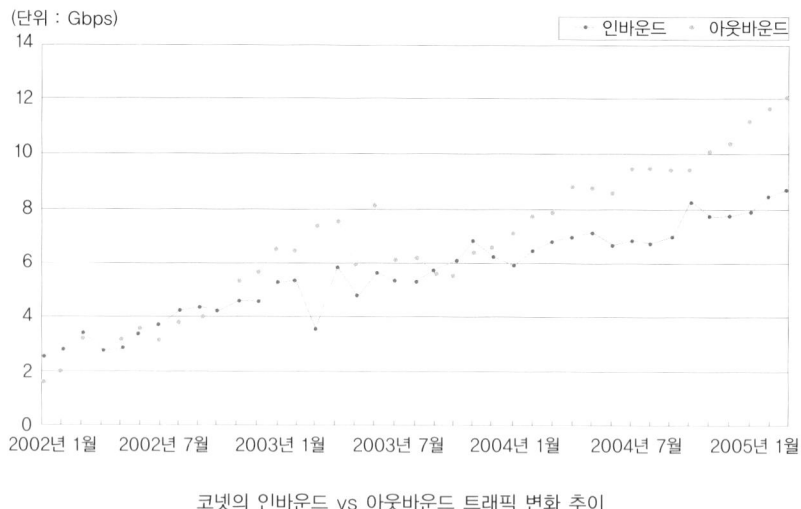

코넷의 인바운드 vs 아웃바운드 트래픽 변화 추이

6.12Gbps로, 4.51Gbps에 불과한 인바운드 트래픽을 넘어섰다. 국내에 인터넷이 상용화된 지 9년 만에 나타난 역전의 순간이었다.

이 같은 국내-해외 간 인터넷 트래픽 역전 현상은 그만큼 우리 인터넷 콘텐츠가 양적, 질적으로 성장했다는 것을 의미하며, 2002 한일 월드컵과 서서히 불붙기 시작한 한류 열풍의 영향도 큰 것으로 분석됐다. 2002년 이후 해외 사용자들이 한국 관련 콘텐츠를 이용하는 사례가 폭발적으로 늘어나고 있는 데다 중국 등 이웃 국가의 인터넷 보급률이 높아지면서 아웃바운드 트래픽이 증가하게 된 것이다. 해외 이용자들이 가장 많이 이용하는 우리나라의 콘텐츠는 인터넷 방송인 것으로 조사됐다.

한편 국내 요인으로는, 우리나라에서 초고속 인터넷 보급률이 높아짐에 따라 컴퓨터 간 파일 검색을 통해 자료를 공유하는 P2P(Peer-To-Peer, 개인 대 개인의 파일 공유 기술 및 행위) 서비스를 이용해 파일을 업로드하는 사례가 많은 것도 영향을 끼쳤을 것으로 풀이됐다.

초고속 인터넷, 해외 시장으로 눈을 돌리다

2004년 5월, 초고속 인터넷의 올림픽이라고 불리는 '브로드밴드 월드 포럼'이 서울에서 개최됐다. 이 자리에서 KT의 이용경 사장이 발표한 한국의 초고속 인터넷 성공 사례는 포럼에 참석한 세계 정보통신업계 거물들에게 초미의 관심사였다. KT 전시관에는 초고속 인터넷 기술에 대한 세계 정보통신 전문가들의 문의가 끊이지 않았다.

같은 해 9월, 4년마다 열리는 ITU 행사가 부산에서 있었다. 세계의 첨단 통신 시스템들이 선보이는 이 자리에서도 한국의 초고속 인터넷 기술은 큰 주목과 함께 아낌없는 찬사를 받았다.

이처럼 우리의 초고속 인터넷 기술과 노하우를 배우고자 하는 외국의 정부와 사업자들이 늘어나면서, 이를 바탕으로 우리 초고속 인터넷은 해외 시장으로 눈을 돌리기 시작했다.

초고속 인터넷 기술의 수출은 눈에 보이는 장비를 파는 것이 아니다. 초고속 인터넷망을 구축하고 운영하는, 그 보이지 않는 노하우를 수출하는 것이다. 따라서 초창기 보이지 않는 노하우를 팔 수 있는 비즈니스 모델을 개척하기 위해 많은 고민을 했다.

이후 우리 기업들의 해외 시장 진출이 시작됐다. KT의 경우, 최초 중국에서의 컨설팅을 시

우리의 초고속 인터넷 기술이 드디어 해외에서도 빛을 발하게 되었다. 사진 위부터 베트남 ADSL 개통(2003. 9.), 이란 ADSL 구축 계약 체결(2004. 9.), 태국의 초고속 인터넷 개통(2004. 2. 24.) 장면.

작으로 말레이시아와 베트남, 태국 등 동남아시아 시장에 진출했다. 장비 설치를 비롯해 콘텐츠 제공과 교육 훈련 등을 턴키(일괄수주) 방식으로 수주하는 공사들도 늘어갔다. 이후에는 이란과 알제리 등 중동과 아프리카까지 잇따라 진출하면서 우리 초고속 인터넷망의 세계화를 이루어가고 있다.

특히 중국을 비롯한 아시아 지역은 아직 초고속 인터넷 시장이 개화하고 있는 단계로 앞으로의 성장 가능성이 높은 것으로 점쳐지고 있다. 초고속 인터넷 수출에서 기회의 땅이 될 것으로 전망되는 만큼, 이곳에서 우리 사업자들의 활동이 기대를 모으고 있다.

첫 해외 수출국 베트남, 신차오!(베트남어로 '안녕')

현재 1,250만 명의 네티즌들이 인터넷을 사용하고 있는 베트남(2006년 초). 베트남의 인터넷 열기가 어느 정도인가는 근래 들어 베트남 공산당 정부 차원에서 인터넷 카페 규제를 시행하고, 하루 게임 시간을 제한하는 법령을 제정하는 등의 강력한 조치를 취하고 있는 현상으로도 쉽게 알 수 있다. 2000년에는 고작 50만 명의 네티즌들이 다이얼 업이라는 좁은 통로를 통해 세상과 접할 수 있었지만, 이제는 인터넷이 보편화되어 있다. 2003년도에 베트남에 초고속 인터넷 기술을 전수한 KT가 그 물꼬를 튼 주역이다.

베트남의 초고속망 구축사업 입찰공고가 난 시점은 2002년 6월. KT는 유럽의 유수 통신장비 업체인 알카텔과 에릭슨, 일본 최대의 통신회사인 NTT, 그리고 반값이라는 파격적인 가격을 제시했던 중국 최대의 통신장비업체 화웨이 등 쟁쟁한 경쟁업체들과 입찰에 참여했다. 이후 1년 3개월의 끈질긴 경쟁을 거쳐 마침내 2003년 9월, KT는 알카텔과 함께 당당히 최종 낙찰되었다. 이들 G7 국가에 속하는 업체들과 동등한 수준의 가격을 제시했음에도 불구하고 한국에서의 풍부한 경험과 기술력을 인정받아 계약을 성사시킬 수 있었던 것이다.

베트남은 왜 전문 장비업체도 아닌 KT의 제안에 매력을 느꼈을까. 해답은 바로 통신망 건설부터 망 운영 시스템, 운영 노하우, 컨설팅, 기술 교육 등을 패키지 서비스로 제공한 점에 있다. 또한 입찰공고가 나기 전부터 꾸준히 한국의 초고속 인터넷에 대해 상세히 소개함과 동시에, 베트남에 100여 회선을 시범 구축해 운영해줌으로써 한국의 우수한 기술력을 인지시킨 점도 큰 몫으로 작용하였다. 그리고 베트남 엔지니어들을 한국 연수원으로 데려와 기술 이전 교육을 실시하고, 지역 체신청(VNPT) 청장급 인사들과 기자들을 대상으로 세미나를 개최하는 등 체계적이고도 지속적인 노력이 있었기에 가능했던 일이다.

물론 베트남의 초고속 인터넷 사업 수주에도 남모르는 어려움이 많았다. 공산국가라는 특수한 상황 때문에 겪었던 일, 날씨로 인해 곤혹을 치렀던 일 등이 그것이다.

공산국가인 베트남은 인터넷이 활성화되면 반정부적 성향이 빠르게 확산되고 서방 세계와 접촉이 많아져 체제 유지에 위협이 될 것이라 판단하여 초고속 인터넷 구축사업을 꺼려했다. 보통의 경우 입찰공고에서 계약까지 6개월이면 충분하지만, 베트남 정부의 미온적인 태도 때문에 1년 넘게 계약이 지연되고 말았다. 결국 베트남 당국은 인터넷 사용을 규제하는 강력한 법적 장치를 마련하고서야 사업을 승인하였다. 여기에는 당국을 비판하는 글의 출처로 밝혀진 인터넷 카페는 즉시 폐쇄하고 주인은 처벌한다는 내용의 법 등이 포함되어 있다. 또한 전화국의 MDF실(Main Distributing Frame, 주 배전반실)에서 작업을 하려면 당국의 허가가 떨어져야만 들어갈 수 있었다. 심지어 MDF 작업이 있을 때는 체신청장이 배석하는 일도 많았다고 한다.

초고속 인터넷 수출의 첫걸음을 내디딘 곳이 바로 베트남이었다. 웹서핑을 하고 있는 베트남 어린이들(위)과 성황 중인 베트남 PC방.

동남아시아 지역에서 무시할 수 없는 또 하나의 변수는 바로 날씨와 환경이다. 습도가 높아 전자교환실의 장비가 다운되는 일이 수시로 발생했다. 베트남 엔지니어들은 초고속 인터넷 운영 노하우가 전무했기 때문에, KT는 베트남의 높은 실내 습도를 고려한 환경 개선 방법까지 컨설팅해주어야 했다. 태국 수출 때도 마찬가지로 날씨 문제가 발생했었는데, 선박을 통해 장비를 운반하는 과정에서 습도와 온도 때문에 전체의 40%에 달하는 장비가 부식된 것이었다. 선박 운송 기간을 20일로 잡고 한국 기후에 맞춰 진공 포장을 했는데, 때마침 태국 축제 기간이 겹쳐 운송 기일이 두 배로 늘어난 데다 높은 온도와 습도를 고려하지 않고 포장을 했기 때문이었다. 결국 신속한 조치로 최단 시간에 녹슨 부품을 모두 교체하였으며, 현지에서 습득한 이러한 노하우들은 이후 해외 수출 사업을 추진하는 데 값진 교훈이 되었다.

이러한 노력을 통해 KT는 베트남에 총 3,100회선의 초고속망을 구축하며 175만 달러의 성과를 올렸으며, 첫 해외 수출 계약을 성공적으로 성사시킬 수 있었다.

장비업체들, 수출에 나서다

한국이 이뤄낸 초고속 인터넷 신화, 그 한 축을 떠받쳐 온 것은 통신장비 업체들이다. 빛의 속도로 성장해온 초고속 인터넷 시장만큼이나 우리나라 통신장비의 기술도 빠른 속도로 발전해, 이제 세계적인 수준에 올라 있다. 특히 xDSL의 경우는 명실공히 세계 정상의 자리를 차지했다. 우리 기업들은 벌써 100Mbps급 VDSL의 개발에 성공, 상용화 제품을 내놓은 상태다.

이는 초고속 인터넷 시장 초기에 비하면 극적인 역전이라 하지 않을 수 없다. 처음에는 국내에 장비를 생산하는 업체가 없어 외국 기업이 아무리 높은 값을 불러도 장비를 팔아주기만을 바라야 했던 것이다. 하지만 이제는 거꾸로 우리 장비가 해외로 수출되는 상황이 되었다.

2004년에는 국내 장비 생산업체들의 해외 진출이 본격화되었다. 우전시스텍, 코아커뮤니케이션즈, 텔리언, 미리넷, 다산네트워크 등 우리 기업들은 일본, 중국, 이스라엘, 그리고 인터넷의 종주국인 미국에까지 수백억 원대의 인터넷 장비 수출을 이루어냈다.

또한 2005년에는 유럽 지역에서도 우리 기업들에 대한 러브콜이 이어졌다. 현재 유럽에서는 영국, 프랑스, 독일, 네덜란드, 벨기에 등을 중심으로 ADSL, VDSL 등 초고속 인터넷 시장이 만개하고 있다. 이 지역의 xDSL 계열 가입자만 해도 오는 2007년에는 4,500만 명에 이를 것이라는 전망이 나오고 있을 정도다.

이에 따라 초고속 인터넷 선진국인 한국의 장비업체들이 각광을 받기 시작했다. 벤처기업들이 대부분인 우리 초고속 장비업체들의 경우, 브랜드 인지도는 낮지만 국내에서의 오랜 운영 노하우와 그 과정에서 축적된 기술력이 높이 평가를 받은 것이다.

최근 들어서는 ADSL, VDSL에 이어 FTTH(광가입자망) 장비 또한 주요 수출 품목으로 떠오르고 있다. FTTH 장비에 대한 기존의 수출 지역이었던 일본, 동남아시아, 중국, 유럽에 이어 중남미까지 진출할 수 있는 가능성을 열고 있다.

물론 앞으로 가야 할 길도, 넘어야 할 산도 남아 있다. 아직 원천 기술도 부족하고 수익도 떨어진다는 걱정의 목소리가 그것이다. 하지만 끊임없는 기술 개발과 동시에 현지화 전략, 서비스 노하우 등을 함께 진화시키면서 다양한 접근법을 만들어간다면 더 큰 가능성을 현실로 만들 수 있을 것으로 전망되고 있다.

북한에도 인터넷이 있을까

북한에도 인터넷이 있을까. 인터넷이 있다면 우리와 같은 PC방도 있을까. 포털 사이트도 있을까. 남한의 초고속 인터넷과 비교할 바는 물론 못 되지만, 정답은 '있다'이다.

북한은 '새로운 자력갱생'이라는 기치 아래 IT산업을 성장 전략산업으로 설정하고, '21세기는 정보산업 시대', '첨단 과학기술은 컴퓨터산업'이라고 등식화할 정도로 강조하며 개발과 투자를 해오고 있다고 한다.

북한은 중국 단둥(丹東) 시와 신의주 사이에 연결된 해저 광케이블을 통해 인터넷을 이용하고 있다. 이 광케이블은 중국 통신회사인 차이나텔레콤이 관리하고 있으며, 평양까지 연결돼 있다. 북한 내부에서는 '광명망'이라는 이름의, 광케이블로 구축된 인트라넷을 이용하고 있다. 현재 주로 정부기관들이 각자 홈페이지를 개발하여 접속하고 있으며, 이메일을 주고받는 일도 가능하다.

하지만 대부분 인트라넷만이 가능할 뿐 국가 간 인터넷은 거의 불가능하다. 지난 2003년 당시 북한 전역을 잇는 유일한 인트라넷 광명망의 가입자는 전국의 기업소와 관공서 3,700개였다. 함흥 1개 도시만 보면, 광명망 가입자가 400가구 정도였다. 개인이 컴퓨터를 갖고 있는 경우는 매우 드물지만 전무한 것은 아니며, 보유하고 있는 컴퓨터는 대개 486 수준이라고 한다.

중앙과학기술통보사가 구축한 것으로 민·관이 함께 광명망을 이용하며, 유일한 포털 사이트인 '광명'도 이용할 수 있다. '광명'의 주목적은 데이터베이스화돼 있는 과학기술 자료를 기업소와 개인이 열람하도록 하는 것. 인트라넷인 데다

남북한의 IT 용어 비교

남한	북한
노트북	학습장형 콤퓨터
팝업	튀어나오기
네티즌	망 시민
인터넷 서핑	망 유람
더블클릭	두 번 찰칵
온라인 게임	직결유희
스크롤바	흘림띠
단축키	지름건
백업	여벌

이용자가 아직 많지 않아서 속도는 상당히 빠른 편이라고 한다. '광명'에는 조선중앙통신이나 『로동신문』 등 방송, 신문사 사이트도 링크돼 있으며, 간단한 게임이나 교육 정보도 이용할 수 있다.

광명망에 가입하려면 집에 광케이블 전화가 설치돼 있어야 한다. 우리가 전화선에 모뎀을 연결해서 쓰던 시절과 비슷하다. 그러나 광명망의 경우 가입비는 5,000원, 종량제 요금은 3분당 5~6원 정도라고 한다. 가입비만 해도 평균 노동자의 두 달치 월급 수준이기 때문에, 컴퓨터가 있다고 해도 광명망에 가입하는 사람은 많지 않다고 전해진다.

광명망도 기술적으로는 여러 기능을 제공할 수 있지만, 남한처럼 개인 홈페이지를 개설하고 전자상거래를 하는 등 활발한 활동이 이루어지지는 않는다. 어떠한 정보도 얻을 수 있는 자유로운 검색이나 게시판을 통한 의사소통이 이뤄지는 경우도 거의 없다.

북한에도 PC방이 있다. 북한에서 PC방은 '정보통신기술판매소'라고 불리며, 한 달에 북한 돈 2만 원 정도를 내면 이곳에서 컴퓨터 강습을 받을 수도 있다. 또한 2004년 이후부터는 광명망에서 온라인 게임을 즐길 수도 있게 되었다고 한다. 하지만 현재까지도 북한에서 가장 널리 즐기는 게임은 우리에게도 잘 알려진 '테트리스'라고. 한편 게임도 검열을 피해 갈 수는 없어서, 선정성이나 폭력성이 있는 게임을 즐기다 적발되면 자료를 삭제당하는 것은 물론이고 컴퓨터를 압수당할 수도 있다고 전해진다.

12 세계 최초, 인터넷 인구 70% 돌파

전 국민 인터넷 이용 시대를 열다

2005년 1월, 한국인터넷진흥원은 '2004년 하반기 정보화 실태 조사' 결과를 내놓았다. 그에 따르면, 2004년 말 우리나라의 인터넷 이용률이 사상 처음으로 70%를 돌파했다. KT가 1994년 6월 국내 최초로 인터넷을 상용화한 지 11년, 1998년 6월 두루넷이 초고속 인터넷 시대를 개막한 지 7년 만의 일이었다.

한국인터넷진흥원은 2004년 말 현재 만 6세 이상 국민 가운데 3,158만 명이 유선 또는 무선을 이용해 최근 1개월 이내에 인터넷을 이용, 인터넷 이용률이 70.2%에 달했다고 밝혔다. 6개월 전에 비해 이용률은 2%, 이용자 수는 91만 명 늘어난 것이었다. 하지만 연간 이용률 폭은 다소 낮아졌다. 이는 인터넷 사용이 연령과 계층에 상관없이 보편화되면서 이용률 증가세는 완만해지고 있음을 보여주는 것이다. 인터넷 이용률을 산출하는 방식에는 국가별로 차이가 있어 직접적인 비교는 쉽지 않다. 하지만 전문가들은 사실상 우리나라가 세계 최초로 인터넷 이용률 70%를 넘어서면서 '전 국민 인터넷 이용 시대'를 열었다고 평가했다.

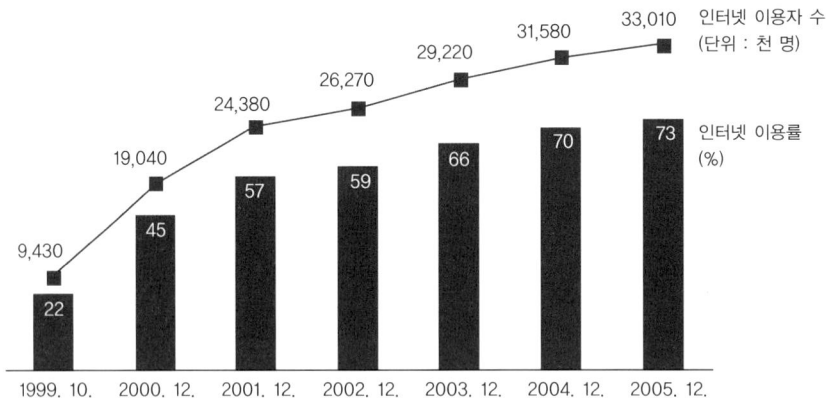

인터넷 이용률과 이용자 수 변화 추이

성별 인터넷 이용률을 보면 남성이 75.9%, 여성이 64.6%로 과거와 마찬가지로 '남고여저' 현상이 나타났다. 연령별로는 6세에서 19세까지의 이용률이 96.2%로 가장 높고, 다음으로 20대가 95.3%, 30대가 88.1% 순이었다. 40대의 인터넷 이용률은 1년 전과 비교해 10.9%가 증가해 가장 큰 약진을 보였다. 지역별로는 울산이 79.1%로 가장 높았고, 충남과 전남, 경북은 60% 이하를 기록하면서 상대적으로 낮았다.

또한 전체 가구의 77.8%가 컴퓨터를 보유하고 있고, 전체 가구 가운데 유·무선을 막론하고 인터넷 접속이 가능한 가구는 86.0%에 달했다. 일주일에 평균 15.5시간 동안 컴퓨터를 이용하며, 83.1%가 인터넷 접속을 위해 컴퓨터를 이용하는 것으로 나타났다. 인터넷 접속 유형별 가입자를 보면, 전체 가구의 72.2%가 xDSL을 이용해 인터넷에 접속하는 것으로 나타나, 전 국민 인터넷 이용 시대를 주도한 것은 역시 xDSL 기술이라는 사실을 확인할 수 있었다.

또다시 속도전이다, 초고속 삼국대전의 광풍

초고속 인터넷 가입자 1,300만 시대. 이제 국내 초고속 인터넷 사업자들의 경쟁은 새로운 국면을 맞고 있다. 2005년 9월에는 KT와 마찬가지로 대형 통신망 사업자였던 파워콤이 시장에 뛰어들면서 또다시 속도전에 불이 붙었다. '소비자들을 잡기 위한 대회전(大會戰)', '초고속망 삼국대전(三國大戰)', '초고속 인터넷 시장의 속도 광풍(光風)' 등의 이름이 붙을 정도로 열띤 경쟁의 막이 오른 것이다.

2005년 9월 시장에 진입한 파워콤이 내세운 카드는 바로 '광랜'이다. '광랜'이란, 광(光)케이블과 랜(LAN) 장비를 통해 아파트나 집합형 건물 가입자 간 소통을 용이하게 해준다고 해서 붙은 상품명이다. 광랜의 강점은 무엇보다 속도로, 20Mbps급 ADSL에 비해 다섯 배나 빠른 100Mbps를 내세우고 있다. 100Mbps면 영화 하나를 다운로드받는 데 1분 정도면 되는 속도다. 그러나 랜 방식은 여럿이 하나의 라인을 공유하기 때문에 같은 랜 영역 안에서 여럿이 동시에 사용할 때에는 xDSL 방식과 달리 속도가 떨어지는 단점이 있다.

2005년 12월의 초고속 인터넷 가입자 동향을 보면 광풍(光風)을 확인할 수 있다. 통신 사업자들의 광랜 비중이 확연히 높아지고 있는 것이다. KT의 경우 12월 한 달 동안 xDSL 가입자는 2만 4,973명 감소했으나 아파트 랜 가입자는 2만 1,543명이 증가했다. 하나로텔레콤 역시 xDSL 가입자는 1만 817명이 줄어들고 아파트 랜은 2만 7,257명이 늘었다. 1,111명으로 작은 규모이긴 하지만

광랜 가입자 현황 (2005년 12월)

구분	광랜 가입자 수(명)	2005년 12월 증감현황(명)
KT	726,786	21,543
하나로텔레콤	448,758	27,257
두루넷		
온세통신	1,026	1,026
데이콤	124,424	(-)3,740
드림라인	10,912	(-)1
파워콤	85,856	27,069
부가통신 사업자	19,018	1,111
별정통신 사업자	167,286	5,205
합계	1,620,002	79,470

2006년 7월 초고속 인터넷 가입자 현황

구분	가입자 수(명)	점유율(%)
KT	6,319,890	46.1%
하나로텔레콤	3,602,380	26.3%
온세통신	287,679	2.1%
드림라인	95,645	0.7%
데이콤	150,042	1.1%
LG파워콤	785,763	5.7%
케이블 TV(SO)	2,205,895	16.1%
유선방송(RO)	15,616	0.1%
전송망(NO)	55,182	0.4%
부가통신 사업자		0.0%
별정통신 사업자	201,102	1.5%
합계	13,719,194	100.0%

각종 인터넷 상품

회사명	브랜드	상품군
KT	Megapass	프리미엄
		스페셜
		라이트
		엔토피아
하나로텔레콤	hanaFos	드림
		프로
		라이트
		광랜
파워콤	XPEED	광랜
		프라임
온세통신	샤크	샤크

SO(지역 케이블 TV 방송국)들로 이뤄진 부가통신 사업자의 아파트 랜 가입자도 증가세를 보였다.

시장 초기 이후 다시 속도전을 벌이고 있는 초고속 인터넷 시장에서, 가입자 포화나 레드오션이라는 우려를 속도와 품질 경쟁으로 돌파하려는 시도가 이루어지고 있는 것이다. 정보통신부 자료에 따르면, 2006년 7월 기준으로 초고속 인터넷 시장의 1위는 시장 점유율 46.1%를 차지하고 있는 KT이며, 26.3%를 기록한 하나로텔레콤이 2위 자리를 지키고 있고, 두루넷, 온세통신, 파워콤 등이 이를 뒤따르고 있다.

현재 초고속 인터넷 시장에는 광랜을 비롯해 최고 8Mbps의 다운로드 속도를 가진 ADSL, 최고 50Mbps의 VDSL, 최고 10Mbps의 HFC(광동축 혼합망) 등이 속도전을 벌이고 있다. KT, 하나로텔레콤, 파워콤 3사가 선보이고 있는 상품만 20여 종에 이를 정도다. 이들은 가입자망 증설 등 기술적 보완을 통해 기존 상품의 속도와 품질을 꾸준히 향상시키고 있다.

여기에다 100Mbps급 VDSL의 상용화 시대 또한 눈앞으로 다가왔다. KT와 하나로텔레콤 등이 2007년 상반기 상용 서비스를 목표로 장비 구매에 들어간 것이다. 또한 FTTH 구축을 위한 장비의 가격이 급격히 떨어지면서 사업자들의 FTTH 사업도 그 행보가 빨라지고 있다. 특히 FTTH는 구축비가 다소 더 들어가더라도 고장률이 낮아 운용 비용이 다른 방식에 비해 현격히 적기 때문에 투자 결정에 긍정적인 요소로 작용하고 있다. 결국 꿈의 초고속 인터넷 기술이라고 불리는 FTTH의 시대가 열리고 있는 것이다.

FTTH란?

우리말로 '가정 내 광가입자망'이라 불리는 FTTH(Fiber To The Home)는 가정까지 광케이블망을 구축하는 것을 말한다. 1990년대 들어 통신망이 급속도로 진화하면서 전화국에서 대형 건물까지 광케이블망을 구축하는 FTTO(Fiber To The Office)와, 아파트 단지까지 구축하는 FTTC(Fiber To The Curb)를 거쳐 이제는 FTTH까지 내다보게 된 것이다.

2005년 초고속 인터넷 보급률 4년 연속 1위

2002년 초고속 인터넷 가입자 1,000만 돌파

1998년 초고속 인터넷 시대 개막

1994년 인터넷 상용화

3부

부동의 1위 초고속 인터넷의 빛과 그늘

13 초고속 인터넷, 세상을 바꾸다

"세계 최초의 인터넷 대통령, 로그온하다"

2002년부터 한국의 초고속 인터넷 프로젝트에 관심을 보이며 분석적으로 접근해온 영국. 2003년 2월 24일, 영국의 일간지 『가디언』에 이에 관련한 또 하나의 기사가 실렸다. "세계 최초의 인터넷 대통령 로그온하다(World's first internet president logs on)"라는 제목의 기사였다. 여기서 얘기하는 최초의 인터넷 대통령은 바로 노무현 대통령. 2002년 대통령 선거가, 잘 구현된 웹사이트들과 온라인에서의 활발한 여론 형성으로 만들어진 작품이었다는 내용이었다.

이 기사는 웨보크러시(webocracy; web+democracy), 즉 인터넷 민주주의의 발전으로 인해 한국이 유쾌하면서도 예측할 수 없는 변화를 겪고 있다고 평했다. 한국인들은 월 평균 1,340분을 온라인 활동에 할애하고 있으며, IT와 관련한 경제 활동 비중이 약 10%로 세계 최고 수준이라고 전하기도 했다. 그리고 그 바탕에는 70%에 이르는 초고속 인터넷 보급률이 있다고 분석했다.

실제로 2002년 대통령 선거는 인쇄 매체나 TV가 주도하던 선거 문화를 변화시키며 인터넷이 영향력을 끼치기 시작한 무대였다. 신문이나 TV의 기자뿐 아니라 네티즌들 모두가 정치 논객이 되었고, 온라인 팬클럽 활동 등을 통해 자신의 지지 의사를 적극적으로 밝히면서 정치를 일상화하기도 했다.

당시 노무현 후보 진영은 다른 후보들이 형식적으로만 여겼던 사이버 공간을 중점적으로 공략했다. 이는 정치에 냉소적인 20대와 30대의 투표율

초고속 인터넷은 세상을 바꾸었다. 2002년 한일 월드컵 당시, 네티즌들은 사이버 공간이라는 온라인상의 거대한 광장에서 오프라인으로 뛰쳐나와 시청 앞 광장을 붉게 물들였다. 이른바 새로운 시민 계층의 출현이었다.

을 높이는 데 일조했고, 『가디언』 또한 "노 대통령이 20~30대의 전폭적인 지지를 통해 대통령이 되었으며 이는 드라마틱한 발전"이라고 평했다. "노무현 대통령은 HTML로 구현된 웹사이트 코드를 이해하는 세계 최초의 대통령"이라고 전하기까지 했다.

온라인상에 매일같이, 아니 매순간 쏟아져 나오는 뉴스와 의견, 그리고 이를 바탕으로 이루어진 뜨거운 토론은 분명 과거 그 어떤 선거와도 다른 양상이었다. 이는 우리나라뿐 아니라 지구상 어디에서도 크게 다르지 않았던 모양이다. 『가디언』이 "한국은 노무현 대통령의 취임과 함께 세계에서 가장 발달된 온라인 민주주의 국가라는 것을 자랑할 수 있게 될 것"이라고 보도한 것도 그러한 맥락이었을 것이다.

『가디언』의 분석대로, 초고속 인터넷은 세상을 바꾸었다. 그 변화는 2002년 대통령 선거에만 국한되지 않는다. 2002년 한일 월드컵 당시 광화문을 붉게 물들여 세상을 놀라게 했던 대규모 응원이나, 같은 해 11월 역시 광화문을 밝혔던 반미 촛불 시위, 2003년 총선거, 탄핵 찬반 촛불 시위…… 이

모두가 초고속 인터넷의 대중화가 없었다면 아마 불가능했을 일들이다.

초고속 인터넷이라는 인프라를 통해 쌍방향 커뮤니케이션으로서 인터넷의 영향력은 빠르게 성장해왔다. 그 결과 우리 사회에는 온라인 또는 사이버 공간이라는 또 하나의 거대한 광장과 함께, 네티즌 또는 누리꾼이라 불리는 또 하나의 시민 계층이 등장했다.

메신저, 블로그, 아바타 등의 신문화 속에서 네티즌은 새로운 형태의 언로(言路), 자신이 직접 만들어가는 자신만의 커뮤니케이션 채널을 소유하게 되었다. 그 채널들은 때로 혹은 수시로 온라인상에서 거대한 광장을 이루어 활발한 정보 교환과 뜨거운 토론을 만들어낸다. 나아가 현실의 문제가 바로 온라인상의 이슈가 되고, 또는 반대로 온라인에서 형성된 의견과 힘이 현실에서 영향력을 행사하는, 새로운 형태의 상향식 민주주의를 만들어가고 있는 것이다.

정보 흐름의 방향 또한 과거와는 달라졌다. 어느 하나의 호스트가 소유하고 있는 정보를 일방적으로 '다운'받는 것이 아니라, 수많은 '나'들이 가진 정보를 '업'시키고 이를 바탕으로 또 다른 정보가 형성되는, 다방향성의 정보 사회로 진입하고 있는 것이다. 최근 폭발적으로 대중화된 포털 사이트들의 지식 검색이 그 대표적인 예다.

인터넷, 생활을 바꾸다

초고속 인터넷이 확산되면서 기존의 생활방식 가운데 많은 부분들이 온라인으로 옮겨왔다. 한국인터넷진흥원에서 실시한 2006년 상반기 정보화 실태 조사 결과에 따르면, 인터넷 이용자의 인터넷 뱅킹 이용률은 36.4%, 주식 투자를 하는 인터넷 이용자의 67.5%가 인터넷 주식 거래를 이용하며, 51.3%가

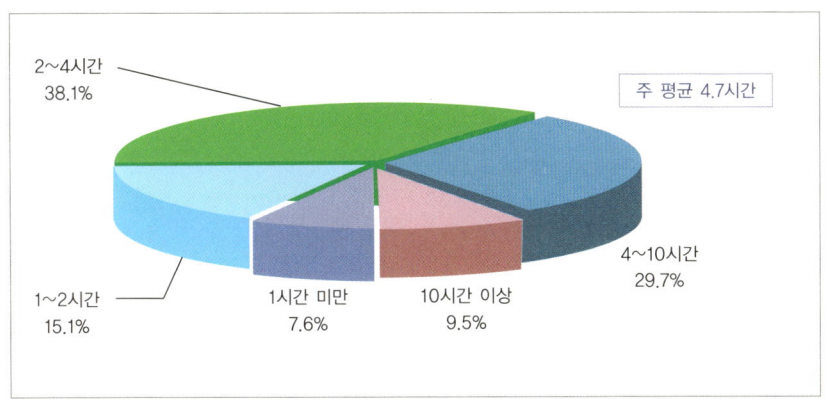

만 3~5세의 주 평균 인터넷 이용 시간 (출처 : 한국인터넷진흥원, 「2006년 상반기 정보화실태조사」)

최근 1년 내 인터넷 쇼핑을 이용하였고, 42%가 인터넷을 통한 교육·학습을 경험한 것으로 조사되고 있다. 특히 만 3~5세 유아들조차 인터넷 이용률이 50%가 넘으며 일주일 평균 4.7시간을 인터넷에 할애하고 있다는 통계를 보면, 인터넷이 전 국민의 생활에 한 부분으로 자리 잡았다는 사실이 실감 있게 다가온다.

인터넷이 보편화되기 이전까지 우리 국민들의 여가 시간 중 상당 부분을 차지했던 매체는 TV였다. 지금은 언뜻 생각하기에도 인터넷을 이용하는 시간이 상당하다고 느껴지는데, 실제로 주당 인터넷 이용 시간과 TV 시청 시간을 비교한 데이터가 있다. 다음 그림에서 볼 수 있듯이 TV 시청 시간은 지속적으로 감소하고 있는 반면 인터넷 이용 시간은 지속적으로 증가하고 있어, 인터넷이 TV에 버금가는 매체로 자리 잡았음을 알 수 있다.

이러한 수치 이면에는 생활방식의 변화를 주도해온 좀 더 근본적인 사회·문화적 변화들이 자리하고 있다. 즉, 인터넷이 가능하게 하는 '참여와 공유'의 능력을 통해 새로운 형태의 통신 방식과 사회 참여 방식이 나타나고 있으며, '인터넷 = 컴퓨터'라는 공식에서 벗어나 TV, 휴대형 단말 등 어떠한

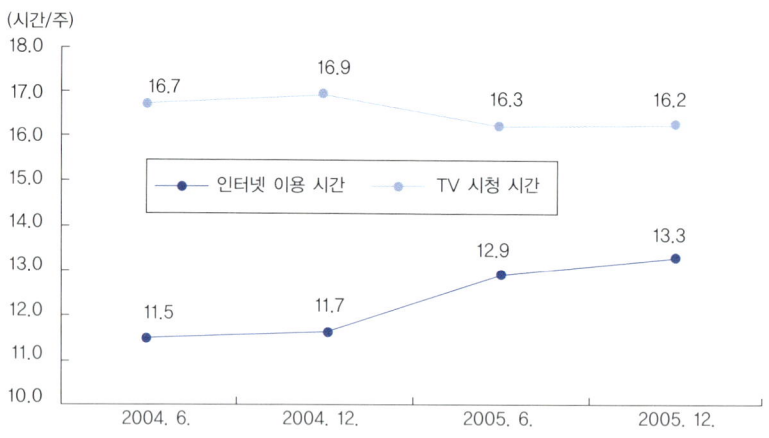

인터넷과 TV 이용 시간의 비교 (출처 : 한국인터넷진흥원 자료 재정리)

단말을 통해서도 인터넷 서비스를 제공받을 수 있게 되면서 새로운 형태의 라이프스타일이 속속 등장하게 된 것이다.

통신 방식의 변화 | 이 땅에 인간의 역사가 시작되면서 통신의 역사도 함께 발전하게 된다. 그 옛날, 지금은 사극에서나 볼 수 있는 파발마와 봉화에서부터 시작하여, 근대에 와서는 편지와 모스 부호를 이용한 전신 전보, 그리고 전화, 팩시밀리, 이동전화 등으로 발전하게 된다. 근래에는 인터넷의 확산으로 인해 예전의 방법들보다 훨씬 획기적인 통신 수단들이 대거 등장하게 된다. 값싸고 편리하면서도 보낸 즉시 확인이 가능한 전자메일, 더욱 빠르고 간편하게 안부를 전하거나 그림·동영상 파일과 같은 자료들을 손쉽게 전달할 수 있는 쌍방향 통신 수단인 인스턴트 메신저 등 통신 방식에서 커다란 변화가 일어나고 있으며 그 속도가 점차 빨라지고 있는 추세이다.

2006년 6월 한국인터넷진흥원은 한국 네티즌의 인터넷 이용 현황을 발표하였다. 이에 따르면, 만 18세 이상의 네티즌이 지인과의 연락이나 친교를 위해 사용하는 각종 커뮤니케이션 수단으로 인터넷을 사용하는 비중이 41.1%로 보고되고 있다. 이는 이미 인터넷을 통한 커뮤니케이션이 일상화되었다는 것을 의미한다. 더 나아가 이 조사가 컴퓨터만을 사용하는 어느 정도 제한적 상황에서 나타난 결과임을 고려할 때, 향후 인터넷이 TV나 휴대형 단말과 같이 다양한 기기에 연결될 경우 더욱 폭발적으로 증가할 것임을 예상할 수 있다.

이 조사 결과에서도 볼 수 있듯이, 최근 블로그와 미니 홈피도 주요한 커뮤니케이션 수단으로 급부상하고 있다. 블로그와 미니 홈피가 단순히 자신을 대중에게 드러내는 역할을 넘어서 타인과 교류하는 장으로 진화하고 있으며, 그 확산 속도가 매우 빠르게 나타나고 있는 것이다. 이는 2005년 12월, 인터넷 이용자의 46.5%가 블로그나 미니 홈피 사이트를 이용한 경험이 있으며, 37.1%는 본인의 블로그나 미니 홈피를 보유하고 있다는 조사 결과로 대변된다.

블로그는 인터넷을 뜻하는 웹(Web)의 B와 항해의 기록을 뜻하는 로그(Log)의 합성어로서, 이제 블로그나 미니 홈피를 보유하고 있다는 것은 기존의 폐쇄적인 커뮤니티 환경에서 벗어나 인터넷을 통해 온라인 세계로 나를 표현하고, 내가 주인공이 되어 온라인 집을 짓고 손님을 초대하는 커뮤니티

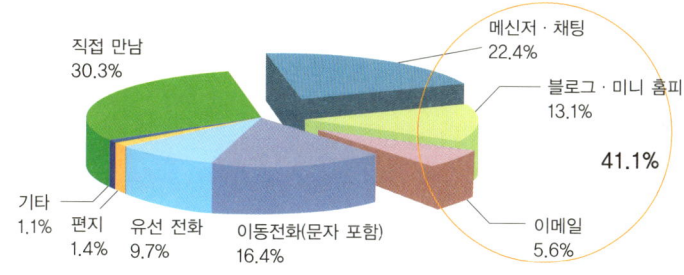

지인과의 연락과 친교를 위한 수단별 비중(만 18세 이상)

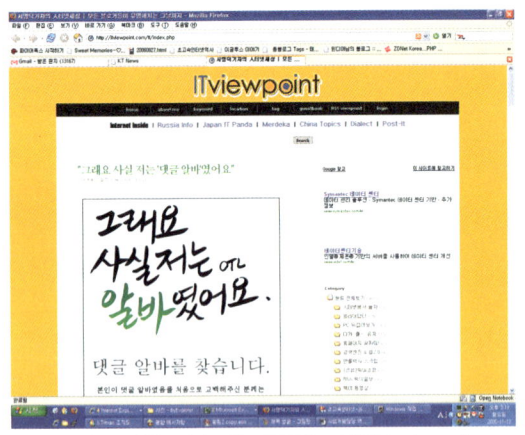

블로그 전문 검색 서비스를 제공하는 올블로그(http://www.allblog.net)에서 선정한 2006 상반기 인기 블로그 http://itviewpoint.com

를 갖는 것을 의미하게 되었다. 블로그의 매력은 자신의 관심 있는 정보와 콘텐츠를 쉽게 연결할 수 있고 자신의 홈페이지에 옮길 수 있다는 점일 것이다. 더군다나 블로그는 컴퓨터의 전문 지식이 없다고 해도 누구든 쉽게 글을 올릴 수 있으며, 다른 사이트처럼 회원 가입을 하지 않고도 다른 블로그에 찾아갈 수 있음은 물론 그 블로그의 정보를 나의 공간과 연결시킬 수 있다.

이러한 기능으로 나의 생각과 정보를 게시할 수 있고 남의 정보도 함께 공유할 수 있으므로, 정보와 커뮤니티를 손쉽게 확산시킬 수 있다는 특성을 갖는다.

인터넷은 음성으로만 가능하던 전화의 개념을 바꾸어놓고 있다. 서로 얼굴을 보면서 대화할 수 있는 영상 전화가 등장하고, 대화를 하면서 자료나 파일을 공유하여 공동 작업을 하거나 상호 의견을 주고받을 수 있게 되었다. 이러한 변화는 단순한 기술의 발달을 넘어서 기존의 '통화'의 개념이 '만남'의 개념으로 진화하고 있음을 의미한다. 이제 인터넷은 단순히 정보를 검색하고 콘텐츠를 소비하는 단계에서 벗어나 사람과 사람을 연결하는 가장 훌륭한 수단으로 등장하고 있는 것이다.

음성, 영상, 데이터가 가능한 만남은 서로 언어가 통하지 않는 상대끼리 글이나 손짓 또는 표정만으로도 의사소통이 가능하게 하였고, 이러한 변화는 특히 청각장애를 겪고 있는 많은 장애인들에게는 복음이 아닐 수 없다. 영상 전화는 이미 인터넷을 통하여 무리 없이 서비스되고 있으며, 머지않아

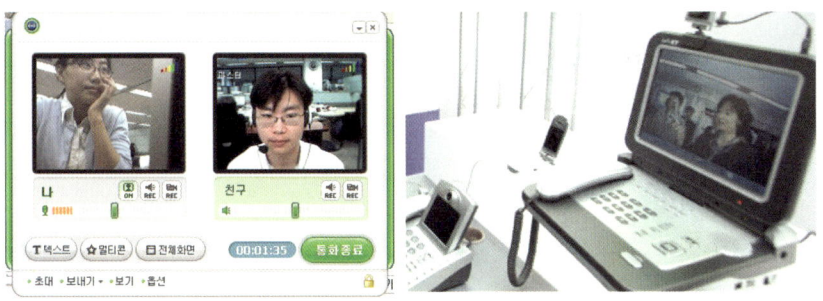

컴퓨터에 설치하여 인터넷 음성 통화와 영상 채팅을 할 수 있는 네이버폰(http://phone.naver.com)(왼쪽)과 전용 전화기 형태의 영상전화기

대역폭이 보장되는 고화질의 실감형 영상 통신 서비스를 통하여 시골에 계신 할아버지와 도시에 사는 귀여운 손주가 마치 눈앞에서 직접 마주보고 있는 것과 같은 기분을 느낄 수 있는 서비스도 이용할 수 있게 될 것이다. 또한 숙제를 하거나 업무를 수행하다가 혼자서 해결하기 어려운 문제가 발생할 경우 인터넷에 연결되어 있는 불특정 다수에게 질문을 하고 해결책을 제시받는 등 단순 통화가 아닌 지식 교류의 영역까지 인터넷 활용이 확대될 전망이다.

사회 참여 방식의 변화 | 인터넷은 정보통신망이 제공하는 새로운 공간에서 활동하는 사람을 의미하는 '네티즌'이란 지구촌 주민을 만들어냈고, 새로운 가치를 만들어내는 온라인 공동체 문화를 탄생시켰다. 이러한 네티즌의 형성은 과거 TV, 라디오 또는 신문 매체 등을 통해 일방향적인 정보 전달에 의존하던 것에서 탈피하여, 좀 더 구체적이면서도 실시간 정보 전달과 공유를 가능하게 해줌으로써 새로운 정보 전달 문화를 창출하였다. 뿐만 아니라 인터넷에 올라온 정보에 대하여 댓글 등을 통해 자유롭게 자기의 의견이나 생각 등을 표출함으로써 민주적이고 적극적으로 대중의 의견을 수렴할 수 있

'인터넷 참여연대'의 사이트. 인터넷은 대중의 사회 참여 지형도 바꿔놓았다.

게 되었으며, 개개인의 흩어져 있는 의견을 대중의 의견으로 모음으로써 사회 이해집단의 의견을 분명하고 구체적으로 전달할 수 있는 계기가 마련되었다.

또한 네티즌의 활동은 개인의 활동에 국한되지 않고 국가나 사회에 대하여 불합리 부분을 개선하거나 힘없는 소외계층의 의견까지 적극적으로 개진할 수 있게 되었다. 이와 같은 네티즌의 다양한 의견(지지/비평/비판)들은 국가의 정책 수립 과정에서 구체적인 대안 제시, 선거 공약의 이행 감시, 철새 의원들에 대한 집단적인 낙선 운동 전개에 이르기까지 우리나라의 거스를 수 없는 하나의 트렌드로 자리 잡게 되었다.

프로슈머의 등장 | 미래경제학자인 엘빈 토플러는 『제3의 물결』이란 책에서, 21세기는 생산자(producer)이면서 소비자(consumer)인 '프로슈머(prosumer)'에 의한 유통 혁명이 있을 것이고, 프로슈머가 세상을 지배할 것이라고 예견하였다. 오프라인에서 프로슈머는 소비자가 제품 생산에 의견을 제시함으로써 깊숙이 관여하는 것을 의미하는데, LG전자의 '초콜릿폰'이나 '뮤직 DMB', 삼성전자의 '애니콜 슬림 슬라이드폰' 등이 대표적인 예이다.

인터넷 시대에서 프로슈머는 남들이 제작한 음악, 게임, 영화 등 콘텐츠를 즐기는 소비자인 동시에 스스로 다양한 도구 등을 이용해 콘텐츠의 제작자가 되기도 하는 사람들을 말한다. 근래 화두가 되고 있는 UCC(User Created Contents)가 대표적인 예이며, 이로써 생산과 소비를 함께 하는 새로

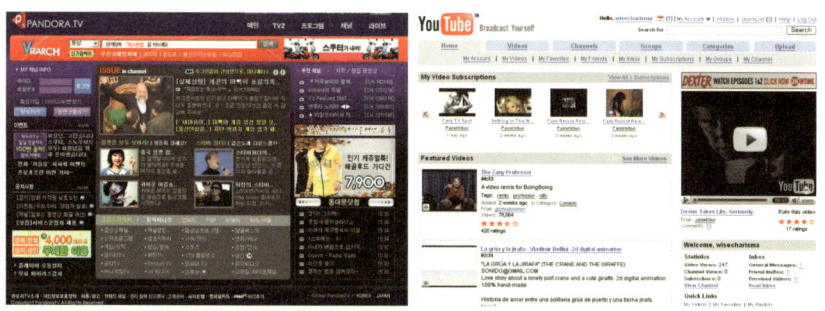
대표적인 UCC 서비스의 예. 판도라 TV(왼쪽)와 YouTube.

운 산업이 나타나고 있음을 알 수 있다. 즉, 과거의 생산자는 돈을 벌고 소비자는 돈을 쓰는 데 반하여, 향후의 프로슈머는 돈을 쓰면서 동시에 돈을 벌 수 있게 될 것이다.

일반적으로 UCC라면 개인이 제작한 동영상을 많이 떠올리게 되나, UCC는 동영상 형태만을 뜻하는 것은 아니며 주변에서 이미 인터넷을 통해 많이 접해왔던 것들이다. 예를 들어 네이버의 '지식iN', 시민들이 기자로 참여해 뉴스를 생산해내고 있는 『오마이뉴스』나 각종 인터넷 게시판의 댓글, 이용 후기 등과 같이, 우리 주변에는 사용자가 생산해내는 콘텐츠가 이미 폭넓게 확산되어 있다. 이러한 UCC의 등장은 단순히 자신의 의견을 인터넷을 통해 불특정 다수에게 전달하는 수준을 넘어서, 상업적 가치를 가지는 수준으로 진화할 전망이다. 1인 방송, 1인 교육, 1인 홈쇼핑 등 인터넷이 가지는 '개방과 공유' 능력을 이용한 프로슈머의 새로운 가치 생산은 더욱 다양한 형태의 가치 사슬을 가능하게 할 것으로 예상된다.

프로슈머의 활동 무대는 아직까지는 컴퓨터 위주의 인터넷이다. 그러나 인터넷 서비스가 TV와 휴대형 단말에까지 연결되면서 좀 더 다양한 형태의 프로슈머 활동이 가능하게 될 것이다. 예를 들어 TV 토론 중 문자 등 다양한 방식을 통해 토론에 참여할 수도 있으며, TV에 나오는 상품을 전화나 인터넷을 통해 주문하는 대신 TV 화면에서 직접 클릭함으로써 상담과 구매를 간편하게 처리할 수도 있다. 뿐만 아니라 TV 광고도 원하는 광고만 골라서 보거나 아예 보지 않을 수도 있다.

인터넷이 가져온 산업의 변화

초고속 인터넷의 성공은 인터넷 산업, 즉 '정보기술을 바탕으로 가상공간에서 인터넷이 창출하는 산업'이라는 거대하고 새로운 영역을 만들어냈다. 2005년 기준으로 국내 인터넷 산업의 시장 규모는 79조 600억 원으로, 2004년 69조 9,000억 원 대비 13.1% 증가하였고, 연평균 5.5%의 성장세를 나타내는 것으로 조사되었다. 초고속 인터넷망과 관련된 하드웨어, 소프트웨어 분야를 비롯해 시스템 구축이나 보안 솔루션 같은 기술 지원 분야, 포털 서비스와 콘텐츠 등 활용 산업에 이르기까지, 초고속 인터넷은 산업의 형태와 구조를 변화시키고 있다.

세계 최고를 자랑하는 우리나라의 인터넷 기반 시설은 우리의 산업 전반에도 많은 영향을 미쳤으며, 앞으로 광대역 기반의 유무선 통합 인터넷이 본격적으로 활성화된다면 우리의 생활과 산업 환경도 또다시 크게 변화하여 더 많은 영역에서 온라인 비즈니스 규모가 크게 성장할 것으로 예측되고 있다. 빠른 성장세를 보이며 성장해온 온라인 비즈니스 분야 중 대표적인 세 분야를 살펴보기로 하자.

콘텐츠 산업 | 먼저 인터넷을 통해 사회와 산업을 발전시키는 촉매제로서 다양한 콘텐츠를 꼽을 수 있다. 전통적인 오프라인 산업에서는 콘텐츠 제공 수단으로 신문, 책, 음반, 비디오테이프 등이 사용되고 있지만, 인터넷에서 유

인터넷 기반 산업 매출액(『2006 한국인터넷백서』) (단위 : 10억 원, %)

구분	2002	2003	2004	2005	연평균 증가율(%)	전년 대비 증가율(%)
하드웨어	36,289	38,114	42,707	46,645	8.7	9.2
단말장비	30,414	32,683	38,372	40,789	10.3	6.3
네트워크 장비	5,875	5,431	4,335	5,856	△0.1	35.1
소프트웨어	2,926	5,399	3,899	4,821	18.1	23.7
개발용 소프트웨어	310	562	393	591	24.0	50.4
시스템 소프트웨어	707	1,659	913	1,638	32.3	79.5
응용 소프트웨어	1,909	3,178	2,593	2,592	10.7	0.0
네트워크 서비스	9,068	7,728	7,801	8,006	△4.1	2.6
합계	48,283	51,241	54,407	59,472	7.2	9.3

인터넷 활용 산업 매출액(『2006 한국인터넷백서』) (단위 : 10억 원, %)

구분	2002	2003	2004	2005	연평균 증가율(%)	전년 대비 증가율(%)
응용 서비스	1,295	2,168	1,920	2,879	30.5	50.0
응용 프로그램 호스팅	52	202	108	122	32.5	12.5
포털 서비스	229	860	680	969	61.8	42.5
통신 서비스	1,014	1,106	1,132	1,788	20.8	58.0
콘텐츠	2,346	2,017	1,765	3,337	12.5	89.1
인터넷 미디어	528	897	585	938	21.1	60.3
엔터테인먼트	406	198	169	887	29.7	426.3
전문정보서비스	1,412	922	1,011	1,512	2.3	49.5
합계	3,641	4,185	3,685	6,216	19.5	68.7

인터넷 지원 산업 매출액(『2006 한국인터넷백서』) (단위 : 10억 원, %)

구분	2002	2003	2004	2005	연평균 증가율(%)	전년 대비 증가율(%)
시스템 구축	14,856	11,049	11,785	13,272	△3.7	12.6
보안 솔루션	41	108	50	99	34.3	98.9
기술지원 합계	14,897	11,157	11,835	13,371	△3.5	13.0

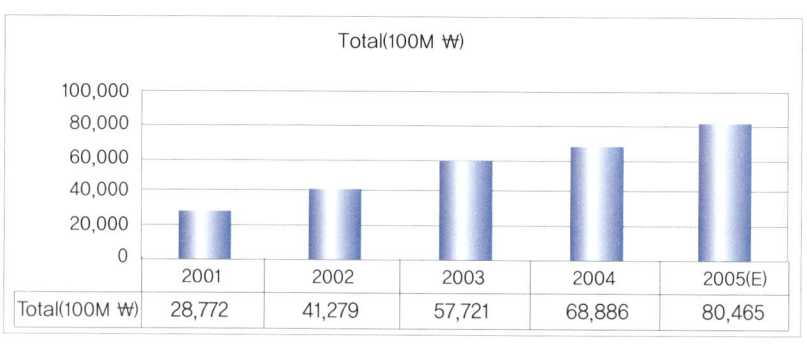

국내 디지털 콘텐츠 시장 규모
출처 : 2005 국내 디지털콘텐츠산업 시장조사 보고서, 한국소프트웨어진흥원, 2006. 2.

통되는 콘텐츠들은 컴퓨터에 저장할 수 있는 형태인 디지털 데이터로 이루어져 있다.

　디지털 콘텐츠의 주요 분야로는 영화, 음악, 교육, 영상, 비디오, 드라마, 신문, 전자책(e-book) 등이 있는데, 콘텐츠 유통은 네트워크와 컴퓨터를 통한 전자상거래의 형태로 손쉽게 이루어지고 있기 때문에 갈수록 시장 수요가 확대되고 있다. 온라인산업협회에서 분석한 바에 따르면, 디지털 콘텐츠 시장은 2001년부터 2005년까지 연평균 29%씩 성장해오고 있다.

　그러나 인터넷의 확산으로 인해 온라인 음악, 동영상, 전자책 등 디지털 콘텐츠의 유통이 활발해진 반면, 냅스터, 소리바다 등 P2P 공유 서비스로 인한 디지털 콘텐츠의 불법 복제로 기존 오프라인 또는 아날로그 콘텐츠 공급자(음반사나 영화제작사 등)들은 심한 타격을 받게 되었다. 그래서 P2P 사이트에 대하여 불법 복제 조장이라는 명목으로 소송을 제기하기에 이르렀다.

　디지털 콘텐츠의 저작권 보호는 전자책, 음악, 비디오, 게임, 소프트웨어, 증권 정보, 이미지 등 각종 디지털 콘텐츠의 불법 유통과 복제를 방지하고, 이렇게 보호된 콘텐츠를 사용함에 따라 저작권 관련 당사자에게 발생하는 이익을 관리해줄 수 있다. 최근에는 디지털 콘텐츠 제작과 유통 과정에서 저작권을 관리하는 기술이 매우 중요한 문제로 대두되고 있다.

현재 저작권 보호 기술은 정상 사용자에게 비밀 키를 부여하는 '암호화' 기술과, 콘텐츠에 저작권 정보를 삽입해 불법 사용을 추적하는 '워터마킹' 기술로 나뉜다. 또 이 두 가지 기술을 복합한 개념으로 DRM(Digital Rights Management) 솔루션도 개발돼 있다. DRM은 콘텐츠 복제 자체를 불가능하게 만드는 게 아니라, 복제는 자유롭게 허용하되 복제된 콘텐츠를 사용하더라도 사용료를 다시 부과하도록 한다는 점이 특징이다.

광고산업 | 1991년부터 시작된 인터넷 광고는 소비자와 즉각적인 상호작용이 가능하다는 장점을 바탕으로 매년 두 자리 수 이상의 성장을 거듭하고 있다. 1995년 50억 원 수준의 인터넷 광고 시장은 2005년 6,000억 원 이상의 시장으로 발전하였으며, 2006년은 8,000억 원 이상을 바라보고 있다.

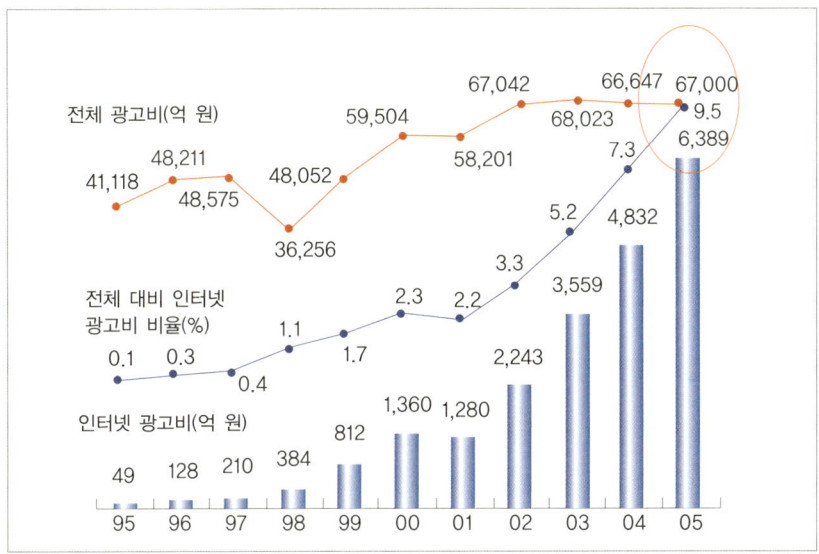

온라인 광고 시장 규모
출처 : IMCK, (사)한국인터넷마케팅협회 세미나 발표자료, 2005. 12.

단순한 배너 광고에서 시작한 인터넷 광고는 현재 다양한 형태로 진화하고 있다. 특히 사용자의 관심 사항에 맞춰 특화된 키워드 광고 시장의 성장이 두드러지고 있다. 키워드 광고는 검색 사이트에서 검색어를 입력하면 검색 결과에 관련 업체의 광고가 노출되도록 하는 광고 기법이다. 예를 들어 사람들이 '이사'와 관련된 키워드를 검색하면 화면에 '포장이사', '이삿짐센터' 등 이사와 관련된 광고가 나오는데, 특정 제품에 관심을 가진 사람에게만 광고가 노출된다는 점에서 불특정 다수를 상대로 하는 배너 광고와는 다르다. 기존의 배너 광고가 클릭 비율이 낮은 반면, 키워드 광고는 관심 있는 사람들에게만 노출되기 때문에 클릭 비율이 높으므로, 소액 광고주들에게 효율적이라는 평가를 받는다.

2002년에 불과 500억 원에 불과하던 키워드 광고 시장은 2004년에 2,160억 원, 2005년에는 약 3,200억 원으로, 2002년 대비 여섯 배 이상 성장하였다. 키워드 광고는 이미 배너 광고 시장을 추월하였으며, 2010년에는 1조 원을 넘는 시장으로 성장할 것으로 예상되고 있다.

인터넷과 관련 기술의 발전은 다양한 형태의 인터넷 광고를 배출하고 있다. 예를 들어, 각종 멀티미디어 서비스가 등장하면서 동영상 광고가 효과적인 광고 상품으로 새롭게 부상하고 있다. 인터넷 연결 범위가 컴퓨터에서 TV로, 또 무선 단말로 확장됨에 따라 인터넷 광고 시장은 또다시 괄목할 만한 성장을 거칠 것으로 예상된다. 휴대형 단말을 통해 더욱 개인화된 광고, 소비자와 즉시 연결이 가능한 최고의 효과를 지닌 광고의 출현이 기대된다. 또한 TV를 통한 인터넷 광고를 통하여 일방향 대중매체 광고 시장이 더욱 효과 높은 쌍방향 광고 시장으로 확장될 것으로 전망된다.

유통산업 | 근래 들어 유통산업에서 가장 두드러진 특징은 통신과 방송을 이

용한 상거래 활동이 활발해졌다는 것이다. 이제 소비자는 컴퓨터, TV, 전화 등을 이용하여 백화점이나 슈퍼마켓, 인터넷 쇼핑몰의 상품 정보를 보고 물건을 살 수 있게 되었다. 초기에는 통신 판매가 주종을 이루었으나, 유선방송과 인터넷이 활성화되면서 온라인 쇼핑 또는 인터넷 쇼핑이 주류를 이루고 있다.

국내 온라인 유통산업은 온라인 쇼핑과 같이 기업과 개인 간의 전자상거래인 B2C(Business To Customer) 모델과, 기업 간의 전자상거래인 B2B(Business To Business) 모델이 대표적인 사례이다.

먼저 B2C 모델의 경우를 보자. 2005년 거래 총액을 기준으로 국내 전체 소매 시장 규모를 보면 약 160조 원인데, 이중 가장 큰 비중을 차지하고 있는 것이 24조 원 규모의 할인점이며 17조 원 규모의 백화점이 그 뒤를 잇고 있다. 그리고 전자상거래 시장은 현재 10조 원 정도로 전체 시장 규모의 6~7%를 차지하고 있는데, 2008년에는 18조 원에 이를 것으로 전망되고 있다. 1999년에 1,200억 원 규모로 출발한 것을 생각하면 얼마나 급성장한 시장인지 알 수 있다.

최근 몇 년간은 기존의 백화점식 쇼핑몰 형태에서 탈피해 개인이 판매자이면서 동시에 구매자가 되는 오픈마켓 형태의 거래 장터가 인기몰이를 하고 있다. 실제로 2006년 상반기 '정보화 실태 조사'에서 전체 인터넷 쇼핑 이용자의 58.7%가 오픈마켓을 통해 물건을 구매한다고 답했다. 거래액에서도 오픈마켓 형태는 2005년 전체 전자상거래에서 29%를 차지했으며, 향후에도 40% 이상 점유율을 높여갈 것으로 예상되는 등 전망이 밝다. 오픈마켓에 뛰어든 업체로는 '옥션'을 시작으로 '인터파크'의 G마켓, '다음'의 온켓, GS e-스토어, CJ의 엠플 등이 있어 마치 춘추전국 시대를 방불케 한다.

온라인 전자상거래는 물건뿐 아니라 각종 분야의 전문 지식이나 서식

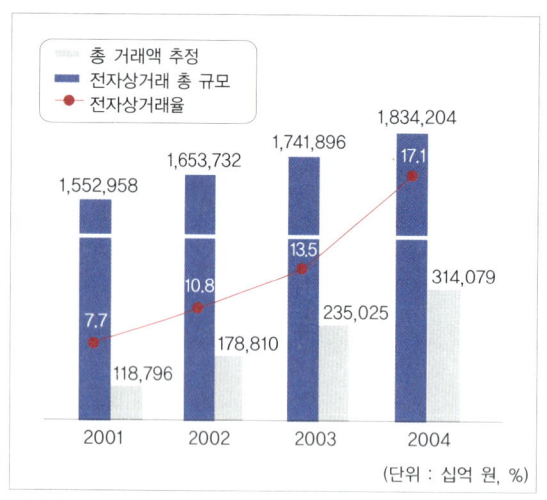

전자상거래 비중의 증가 추이 (출처: 통계청)

및 정보 등을 거래하는 사업으로 변화, 발전하고 있다. 최근의 전문적인 인터넷 지식 거래 사이트에서는 회원 가입을 유료화하고, 각종 분야의 정보를 거래할 수 있는 지식 거래 장터를 만들어 인기를 끌고 있다. 더 확장 적용해보면 각종 포털 분야의 소프트웨어 판매나 게임 계정 및 아이템의 판매, 게임의 유료화 등도 지식 거래에 포함할 수 있을 것이다.

　　기업들 역시 온라인으로 상품을 직거래하면 비용 절감 효과가 크다는 장점이 있다. 유통, 전자금융, 온라인 결제, 온라인 쇼핑 등의 B2C와, 기업 간 전자금융을 통한 전자상거래의 B2B 등을 포함, 전체 전자상거래 규모가 2004년에 314조 원에 이를 정도로 전자상거래 시장은 실로 엄청난 규모의 산업으로 성장하였다.

인터넷 생활백서

한때 모 이동통신 회사 TV 광고에서 핸드폰과 관련된 재미있는 이야기들을 묶은 '현대생활백서'가 인기를 끈 적이 있다. 이후 현대처세백서, 동물사랑 생활백서, 장병생활백서 등 각종 '생활백서' 패러디물이 등장했는데, 2005년 말에는 드림위즈가 네티즌들을 대상으로 아이디어를 공모하여 '인터넷 생활백서'를 만들었다. 생활의 중심으로 자리 잡은 인터넷과 관련하여 재미있는 에피소드들이 다양하게 소개되어 있는데, 꽤 공감 가는 것들도 많아 몇 가지 인용해본다.

- 즐증후군   KIN이 '즐'로 보이는 현상. 던킨이 던즐로, 킨사이다가 즐사이다로 읽혀지는 증세를 일컬음.
- 뒷북   이틀 전에 인터넷으로 본 뉴스가 이제야 TV 뉴스로 나오고 있다.
- 텍스트 세대   할 말이 있어도 전화하지 않고 메신저 로그인할 때까지 기다린다. 기다려도 안 되면 다음 단계로 문자를 날린다.
- 산소 마스크   끊기면 죽는다. 회사에서 하루 종일 컴퓨터하고 PC방에서 5시간 게임하고 와서도, 집에 오자마자 컴퓨터 전원부터 켠다.
- 합성이네   믿기지 않는 사진이나 연예인 커플 사진이 뜨면 무조건 '합성이네'를 찾는 사람이 꼭 있다.
- 얼굴 없는 친구   채팅에서 만나 3년간 쌓은 돈독한 우정. 그 친구에 대해선 모르는 게 없다. 얼굴 빼고.
- 뒷조사   소개팅 나가기 전 홈피를 방문하여 사전조사를 한다.
- 낚시질   흥미로운 떡밥으로 사람들을 유혹하는 못된 짓거리.
- 조용한 스토커   매일 하루에 몇 번씩 방문하지만 절대 자신의 흔적을 남기지 않는 홈피가 있다.

- 온라인 집들이   신혼집 사진 찍어 홈피 업로드하면 끝. 선물은 아이템으로 대체 지급.
- 넷힘   드라마 주인공을 죽였다 살렸다 하는 정도는 우습다. 요즘은 공중파 프로그램의 광고까지 모두 끊을 수 있다.
- 포샵질   홈피 뒷조사까지 마친 후 소개팅에 나갔지만 '누구세요?'
- Old & New   게시판에서 생소한 단어 발견하면, 노땅이란 소리 듣기 싫어서 인터넷 검색해서 공부한다.
- 반가운 편지   이름도 똑같다. "오빠~ 오랜만이야" 메일을 클릭하는 순간, 야시시한 여자들이 여러 창에서 파바박~
- 잘못 보낸 쪽지   "짜증나!! 팀장!!" 남자친구에게 팀장 열라 씹었는데, 뒤에서 팀장이 조용히 나를 부른다. 팀장에게 잘못 간 내 쪽지.
- 컨트롤 Z 증후군   내 손에서 컵이 빠져나가 떨어지는 순간, 컨트롤 Z(ctrl+z)가 내 머릿속을 순식간에 지나간다.

*출처: http://community.dreamwiz.com/event/event20060106.html

14 한국의 초고속 인터넷
성공 신화, 그 비결은?

모든 성공담에는 성공 비결이, 그리고 모든 실패담에는 반면교사들이 담겨 있게 마련이지만, 한국 초고속 인터넷 사업의 성공은 대단히 이례적인 것이라 세계의 관심을 끌기에 충분했다. 우리나라의 성과에 대해 『파이낸셜 타임스』, 『월스트리트 저널』 등 세계 유수 언론은 '기적'이라는 말로 놀라움을 표현했고, 세계는 앞 다투어 한국의 성공 요인 분석에 나섰다.

벤치마킹 대상, 한국

2001년, OECD는 한국이 초고속 인터넷 보급률 세계 1위임을 공인하고 회원국에게 벤치마킹 대상으로 한국을 추천한다. 산업화 시대 이후 최대 화두는 정보화 시대의 새로운 산업 패러다임 경쟁이었다. 그리고 그 바탕에는 초고속 국가망의 건설이 있었다. 그런데 그러한 경쟁에서 승리하려던 선진 각국들이 한국이라는 의외의 복병에게 1위의 타이틀을 내주게 된 것이다.

우선 2002년 여름의 월드컵 열기에 한 번 놀랐고, 그 배후에 초고속 인터넷이 있었다는 사실에 한 번 더 놀란 듯하다. 인터넷 커뮤니티에서의 신속하고도 폭 넓은 정보 공유와 교류를 통해 수백만 명의 한국인들이 거리로 쏟아져 나와 조직적인 응원을 펼쳤기 때문이다. 그러고 보면 2002년 여름의 축제를 탄생시킨 일등공신 중 하나가 한국인의 인터넷 문화와 초고속 인터넷망이었다는 것은 대단히 재미있는 관찰이다. 그것은 지구상에서 일찍이 경험한 적 없는 새로운 현상이었기 때문이다.

불과 몇 년 전만 해도 IMF 관리 체제하에 있었던 한국이라는 나라에 대해, 전통적인 통신 강국이 부러운 시선을 던지게 된 것이다. 그렇다면 그들이 한국에서 찾아낸 시사점들은 과연 무엇이었을까.

정부 정책과 경쟁 체제, 그리고 교육열

영국의 BBC는 한국의 교육, 그리고 사업자들 사이의 치열한 경쟁이야말로 한국을 인터넷 강국으로 만든 두 개의 키포인트라고 보도했다. 미국의 『포춘』지 역시 미국이 인터넷을 발명했던 1960년대에 아직 '전쟁의 참화에서 벗어나지 못한 빈곤 국가'였던 한국이 세계 최강의 디지털 국가로 도약할 수 있었던 것은 정부 정책과 기업 간 경쟁과 더불어 한국의 문화적 특수성 때문이었다고 분석했다.

아시아 금융위기로 어려움을 겪은 직후 한국은 '지식 강국'으로 재탄생한다는 목표를 세우고 과감한 규제 완화와 적극적인 재정 지원을 통해 인터넷과 통신 분야에 기업의 투자를 촉진했다.

우선 정부는 'e-코리아' 정책의 일환으로 정보 인프라 구축에 역점을 두었다. '초고속 정보통신 건물 인증제'를 도입, 복잡하게 엉켜 있던 구내 선로를 현대화하는 계기를 마련했다. 또한 초고속 국가망을 구축해 읍·면·동을 포함한 2만 8,000여 개 공공기관과 전국의 1만여 초·중·고교를 초고속 통신망에 연결시켜 초고속 인터넷 서비스를 제공했다.

특히 모든 학교에서 인터넷을 무료로 이용할 수 있는 제도를 초고속 국가망 사업에 반영하여 이를 현실화시켰다. 이에 따라 2000년 말부터 학교에서는 초고속 인터넷을 무료로 이용할 수 있게 되었으며, 이러한 제도는 초고속 인터넷의 최대 수요처인 학교와 학생, 교사를 이용자로 만들어 수요 기반을 확고히 했다.

공급 측면에서는 전화국 반경 4km 이내의 높은 인구 밀집도와 월 3만 원대의 저렴한 요금 책정이 큰 기여를 한 것으로 분석되고 있다. 우리나라는 수도권의 인구밀도가 높고 전화국 반경 4km 내에 거주하는 인구가 약 93%나 되며 전 국민의 40% 정도가 아파트에 거주하는 만큼 초고속망 공급이 그만큼 수월했다.

또 사업자 간 치열한 경쟁에 따른 3만 원대의 저렴한 요금도 큰 기여를 한 것으로 볼 수 있다. 지난 1999년 4월 세계 최초로 ADSL 서비스를 출범시킨 하나로텔레콤. 애초에는 요금이 월 10만 원 가까운 수준이라는 계산이 나와 KT와 정부 간의 정책 협의가 진행되고 있는 상황이었다. 그런데 하나로텔레콤은 3~4만 원대의 파격적인 요금을 제시했다. 두 달 후 KT도 이에 상응하는 가격으로 상용 서비스를 시작한다. 사업자 간의 경쟁이 단기간에 초고속 인터넷 보급을 확산시킨 계기가 된 것이다.

가입자 유치 경쟁은 속도 경쟁으로 이어진다. 그 당시 신문, 방송 등 대중매체 속의 초고속 인터넷 광고는 모두 속도감을 스릴 있게 표현하고 있었다. 이후 초고속 인터넷은 2002년 VDSL 서비스를 거쳐 FTTH 상용화 단계에 접어들었다. 구리선이 광케이블로 바뀐 것이다. 이에 따라 1.5Mbps의 전송 속도는 어느새 100Mbps로 진화했다.

엄마의 마음을 잡다

외국인들은 한국 사회의 초고속 인터넷 마케팅에서 특이한 점을 발견했다. 상당수의 광고들이 초고속 인터넷의 교육적 가치를 강조하면서 '엄마'들을 타깃으로 하고 있었다는 점.

대부분의 중고생들이 인터넷을 이용해 집에서 공부를 했고, 따라서 부모들은 가정에서의 초고속 인터넷 서비스를 간절히 원했다. 인터넷을 설치하지 않으면 우리 아이가 인터넷 시대의 경쟁에서 뒤떨어진다는 생각을 하지 않을 수가 없었다.

한국에서 초고속 인터넷은, 얼리 어답터(early adopter, '먼저 받아들이는 사람'이라는 뜻의 신조어로, 남보다 빨리 신제품을 써봐야 직성이 풀리는 사람을 일컫는 말)들의 사치품이 아니라 아낌없이 투자해야 하는, 전기와 같은 필수품이라는 인식이 퍼져나가기 시작했다. 초고속 인터넷이 없으면 낙오된다는 위기감으로, 수백만 원의 거금을 들여 컴퓨터를 구입하고 또 초고속 인터넷 서비스에도 앞 다투어 가입하기 시작했던 것이다.

인터넷이 지식인들의 정보 검색이나 인터넷 상거래 등 상업적 이용 측면에서 우선 발전하리라 기대하던 외국인들은, 초고속 인터넷을 설치하기 위해 지갑을 여는 이유가 다른 데 있었다는 것을 깨닫게 되었다. 한국은 이용자들의 변화하는 욕구와 선호를 파악하는 데 성공하고 있었던 것이다.

엄마의 마음을 잡아야 아파트도 잘 팔 수 있는 문화, 서울에 사는 것, 그것도 어느 구(區)에 사느냐가 중요한 한국 사회, 집값의 시세를 좌지우지하는 것이 어느 학군이냐 하는 사실을 미루어 짐작해보면, 아파트 마케팅에도 초고속 인터넷 열풍이 반영되는 것은 당연한 일이었다.

아파트 고객의 마음을 잡으려면 주부들의 마음을 잡아야 했고, 다른 조건이 모두 동일하다면 초고속 인터넷 인프라가 설계 당시부터 반영된 아파

"엄마의 마음을 잡아라!" 한국인이 초고속 인터넷을 설치하기 위해 지갑을 여는 데는 한국 사회 특유의 높은 교육열도 한몫했다.

트가 금상첨화라는 아이디어였다. 초고속 인터넷망이 자녀 교육에 필수적이라는 인식을 반영한 결과라고 할 수 있다.

건설회사들은 경쟁적으로 새 아파트에 아파트 근거리 통신망(LAN)을 도입했다. 아파트 시세에 민감한, 그리고 더군다나 뜨거운 교육열로 중무장한 한국인들에게 인터넷은 아파트 환경조차도 변화시켰다. 이른바 'e-아파트'가 아니면 아파트 시장에 명함도 내밀기 힘들게 된 것이다.

더 나아가 요즘에는 유무선 통신이 융합되고 홈네트워킹 시대에도 대비한 '유비쿼터스 아파트'라는 콘셉트의 마케팅이 한창이다. 불과 2, 3년 전의 e-아파트 열풍도 격세지감으로 느껴질 만큼 우리 인터넷 인프라에 변화는 빠르게 오고 있다.

콘텐츠 발달과 초고속 인터넷의 보급, 동전의 양면

2002년 11월, 초고속 인터넷 1,000만 가입자 돌파 당시 이상철 정보통신부 장관은 "세계 최고 수준의 초고속 인터넷 인프라는 정부, 기업, 가정 세 영역에서 큰 변화를 불러올 것"이라고 예견했다. 그러면서 이제 목표 지점의 30%밖에 오지 않았으며, 나머지 70%는 인터넷 콘텐츠 산업의 발전이 끌고 갈 것이라고 말했다.

기업은 물론 대부분의 가정이 초고속 네트워크의 일원이자, 초고속망을 기반으로 한 상거래, 게임, 영상과 오디오 콘텐츠의 잠재적 고객으로 떠오른 셈이다. 초고속 통신망 1,000만 가입자 기반 위에 거대한 새로운 산업이 세워질 것이며, 이를 통해 더욱 빠르고 편리한, 새로운 초고속망이 출현할 것이라고 예고한 것이기도 하다.

그러한 전망 혹은 분석대로, 콘텐츠 파워는 초고속 통신망의 확산에 기름을 부었다. 2만 개가 넘는 인터넷 카페(PC방)와 인터넷 전략 시뮬레이션 게임의 활성화, 인터넷 방송 등 콘텐츠 업체와 포털 서비스 업체의 급속한 확산이 초고속 통신망 수요를 촉진시키는 선순환 구조를 만들어낸 것이다.

이른바 '70%의 역할'의 맛을 보여준 인터넷 콘텐츠 파워에 대해 해외의 언론들도 주목했다. 2005년 6월 23일자 『비즈니스 위크』는 한국에서 벌어지고 있는 '기묘한 현상'을 보도한다.

공대생이었던 김현욱 씨가 대학을 졸업하고 취업을 한다면 제조업체에 엔지니어로 취업하는 것이 일반적인데, 이 청년은 프로 카레이서가 되었다고 한다. 현욱 씨는 카레이싱 경험이 많은 자동차광이었을까? 『비즈니스 위크』가 이 젊은이를 주목한 이유는 당연히 예상과는 전혀 다른 일이 벌어졌기 때문이다.

그는 한국의 온라인 게임업체 넥슨이 개발한 '카트라이더'를 즐기는, 인터넷 카레이싱 게임의 게이머였다. '스프리스 스피리트' 팀의 멤버인 그는 한 의류회사의 광고를 자신의 버추얼 차량에 부착하는 대가로 그 회사의 후원을 받고 있다. 새로운 현상이었다.

『비즈니스 위크』가 더욱 놀란 것은, 카트라이더 이용자들이 PC방 혹은 자신의 집에서 카트라이더에 접속하여 레이싱을 즐기고 있을 뿐 아니라, 가

상공간에서 차량을 업그레이드시키거나 의상과 고글 등을 사는 데 기꺼이 돈을 쓴다는 사실이었다.

카트라이더 제작사인 넥슨은 가상 액세서리 판매를 통해 짭짤한 수익을 거두고 있다. 다른 나라 사람들에게는 특이한 풍경일 수밖에 없었다. 넥슨이 벌어들인 1억 달러 이상의 수익 중에서 디지털 물품 판매 수익이 85%에 달했다. 넥슨 측에 따르면 시장 출시 1년 사이에 1,200만 명의 사용자가 사이버 공간에서 카레이싱을 즐겼으며, 그 가운데 20만 명은 아바타를 구입하는 데 기꺼이 지갑을 열었다고 한다.

이처럼 80% 이상의 가정이 초고속 인터넷에 접속하고 있는 한국에서는 인터넷이 강력한 오락 매체로도 자리 잡아가고 있다. 대용량의 데이터를 초고속으로 전송받을 수 있는 능력을 가진 한국의 가정은 리니지, 스타크래프트, 카트라이더 등 온라인 게임업체가 파고들 수 있는, 엄청난 규모의 잠재력을 지닌 시장이다.

대기업이 후원하는 카트라이더 리그가 개최되어 케이블 TV를 통해 중계되고, 김현욱 씨 같은 프로 카트라이더 카레이서들이 청소년의 우상으로 떠오르기도 하는 한국의 인터넷 문화. 『비즈니스 위크』는 온라인 게임, 사이버 액세서리 판매, 그리고 방송 시장과 연계되어 스타 산업으로 확장되고 있는, 한국의 초고속 인터넷이 만들어낸 신(新)경제에 대해 주목한 것이었다. 온라인 게임 시장을 비롯한 인터넷 콘텐츠라는 새로운 시장—블루오션, 그 배후에는 막강한 초고속 인터넷망이라는 인프라가 있었다.

15 초고속 인터넷의
그늘

초고속 인터넷은 세계적인 네트워크로서 우리 생활에 가장 영향력 있는 매체로 부상하였다. 디지털화와 온라인화로 대변되는 인터넷의 발전은 많은 이용자들에게는 기존의 매체에서 상상할 수 없었던 다양한 편의와 혜택을 제공해왔으나, 사이버 공간의 확산으로 인한 인터넷 중독, 사이버 폭력과 사이버 범죄 등 역기능 또한 아주 빠른 속도로 퍼져나가고 있다. 특히 인터넷이 매력적인 통신 수단으로 각광받으면서, 명예훼손, 모욕, 스토킹, 성폭력 등 타인의 개인적 법익에 대한 침해 행위가 급증하고 있으며, 그 대응책에 대한 본격적 논의가 진행 중에 있다.

익명성 아래 숨은 사이버 폭력

2005년 6월, 지하철 안에서 똥을 싼 개의 주인이 주변인들에게 사과도 하지 않고 배설물도 치우지 않은 채 그냥 내렸고, 그녀가 내리고 난 뒤 한 할아버지가 이것을 치운 일이 발생했다. 이 상황의 전말을 담은 동영상이 인터넷에 떠돌자 일부 네티즌들은 늘 그랬듯이 재빨리 그녀의 신상 정보를 캐내어 인터넷에 공개하고 미니 홈피를 습격했다. 이것이 우리 사회에 큰 파장을 일으킨 이른바 '개똥녀' 사건의 전말이다. 그리고 이 사건은 '양날의 검' 인터넷이 지니는 명백한 한계를 드러내며, 익명성을 담보로 한 사이버 인권 침해와 사이버 폭력의 심각성을 일깨우는 대표적인 사건이 되었다.

이와 같이 최근 '사이버 폭력'이라는 용어가 널리 통용되고는 있지만, 아직은 관점에 따라 해석이 달라질 수 있다. 그러나 관련 법률(학교폭력 예방 및 대책에 관한 법률, 가정폭력 범죄의 처벌 등에 관한 법률 등)을 기초로 판단해본다면, 넓게는 '정보통신망을 통해 부호, 문언, 음향, 화상 등을 이용하여 타인의 명예 또는 권익을 침해하는 행위'로 볼 수 있을 것이다. 사이버 폭력은 이제 주변에서 흔히 접할 수 있는 상황으로까지 그 위험도가 증가하고 있는 추세이다.

사이버 폭력의 대표적인 사례

사건명	일시	내용
나체 시위 사건	2005. 8.	방송사 음악 프로그램 생방송 중 모 밴드가 나체로 시위를 한 동영상이 인터넷을 통해 확산
개똥녀 사건	2005. 6.	지하철에서 애완견의 배설물을 치우지 않은 여성 사진 유포
서모씨 자살 사건	2005. 5.	딸이 남자에게 버림받아 자살했다는 글이 올라오자 네티즌이 해당 남성을 추적해 인터넷에 실명 공개 처벌
여교사 자살 사건	2005. 4.	체벌 혐의를 받은 여교사가 자살하자 체벌 사실을 알렸던 학생이 가출
신생아 학대 사건	2005. 4.	간호사들이 자신의 홈피에 올린 신생아 학대 사진이 유포
트위스트 김 사건	2005. 4.	연예인 트위스트 김이 음란 사이트의 운영자로 몰려 피해
연예인 X파일	2005. 1.	유명 연예인 99인의 신상 정보를 담은 미확인 사실 유포
왕따 동영상 사건	2004. 2.	'왕따 동영상'이 촬영된 중학교의 교장이 자살
연예인 사망 사건	2003. 7.	여대생이 연예인 ○○○의 교통사고 사망 허위 기사 작성
H양 비디오 사건	2003. 3.	H양 비디오 사건 기사에 연예인 ○○○의 사진이 게재
수의 사진 사건	2002. 3.	연예인 ○○○ 등의 수의 차림 사진이 인터넷에 유포

2005년 상반기 사이버 폭력 시정 요구 건수 (단위 : 건)

구분	명예훼손	모욕	음란	폭력·혐오	사행심	질서 위반	수사 의뢰	계
시정 요구	1,372	404	11,316	189	54	3,809	103	17,247

출처 : 정보통신윤리위원회

사이버 명예훼손·성폭력 상담센터 피해 내용 분석 (단위 : 건)

구분	계	피해 내용				접수	
		명예훼손(모욕)	성폭력	스토킹	기타	상담	신고
2001	1,054	278(33)	204	22	550	–	1,054
2002	3,616	1,248(115)	224	53	2,091	442	3,174
2003	4,217	1,916(894)	557	95	1,649	3,216	1,001
2004	3,913	2,285(979)	322	81	1,225	3,913	–
2005. 10.	6,995	3,220(1,515)	717	174	1,369	6,995	–
합계	15,027	8,947(3,536)	2,024	425	6,884	14,566	5,229

출처 : 정보통신윤리위원회
* 2003. 10. 1. 이후 사이버 명예훼손·성폭력 상담센터가 독립 조직으로 개편됨에 따라 신고 접수 통계는 2004년부터 포함하지 않음.

정보통신윤리위원회의 통계에 따르면, 2005년도 상반기 사이버 폭력에 대한 시정 요구는 총 17,247건에 이르는 것으로 나타났으며, 명예훼손, 모욕, 스토킹, 성폭력 등의 침해 행위에 대한 피해 신고 접수·상담은 최근 5년간 총 15,207건에 이르는 등 정보통신망에서의 사이버 폭력이 급증하고 있음을 알 수 있다. 또 사이버 명예훼손·성폭력 상담센터를 통한 상담 건수는 2001~2005년 10월까지 총 14,566건으로, 그중 모욕을 포함한 명예훼손이 8,947건으로 50% 이상 차지하고 있다. 그리고 이러한 수치는 매년 증가하는 추세이다.

개인정보 침해와 사이버 범죄의 온상

청소년들에게 인기 있는 온라인 게임 '리니지'에서 사용되는 사이버 머니와

최근 발생한 사이버 범죄의 사례

사건명	일시	내용
안심클릭 허점을 이용한 해킹 사기단 검거	2006. 7.	해킹 등으로 타인의 카드 번호를 입수한 후, 인터넷에서 이루어지는 신용카드 결제 방식의 제도적·기술적 취약점을 이용해 물품을 대신 결제해주고 현금을 돌려받아 수억 원을 인출
불법 스팸문자 발송으로 113억 원 부당 이득	2006. 6.	휴대전화에 마치 아는 사람이 보낸 것처럼 음란 내용의 불법 스팸문자 5,000만 통을 무작위로 발송
사기도박 사이트 적발	2006. 5.	투자자들로부터 수억 원을 모은 후 국내 유명 게임업체의 게임 프로그램을 고가에 매입, 캐나다에 도박 사이트를 개설하여 국내 회원을 대상으로 포커 도박판을 개장하는 한편, 상대방 패를 훔쳐보는 해킹 프로그램을 사용해 고액 회원들을 상대로 사기도박을 한 기업형 도박 사이트 운영 조직과 투자자·도박자들을 무더기로 적발
국내 인터넷 가입자 62% 개인정보 유출	2006. 4.	초고속 인터넷 가입자 정보의 불법 유통 및 불법 개인정보를 구입해 고객 유치 등에 활용
피싱 사이트 이용 개인정보 해킹	2006. 3.	유명 게임 사이트를 모방한 속칭 '피싱 사이트'를 개설한 뒤 타인의 개인정보를 해킹
인터넷 전화 서비스 이용 사기	2006. 2.	인터넷 전화의 발신번호 변환 서비스를 악용하여 발신번호를 이동통신사 고객센터 번호로 위장, 여성 전화 상담원을 통해 '무료 통화 이벤트 행사'에 당첨되었으니 인증번호를 입력하라고 전화한 다음, 입력된 정보를 사용하여 인터넷 게임 사이트에서 아이템을 거래
스팸메일로 개인정보 수집·사용	2005. 6.	스팸메일로 개인정보를 수집해 판매

아이템들은 사용자들에게 귀중한 자산의 값어치를 가지고 있어 곧잘 해킹의 대상이 되곤 한다. 사용자들의 컴퓨터에 게임 계정 탈취용 트로이 목마로 '리니지핵'이란 프로그램을 심어, 개인정보(ID와 패스워드)를 탈취하고 사이버 머니와 아이템을 해킹하는 사고는 비일비재하게 일어나고 있다. '리니지'는

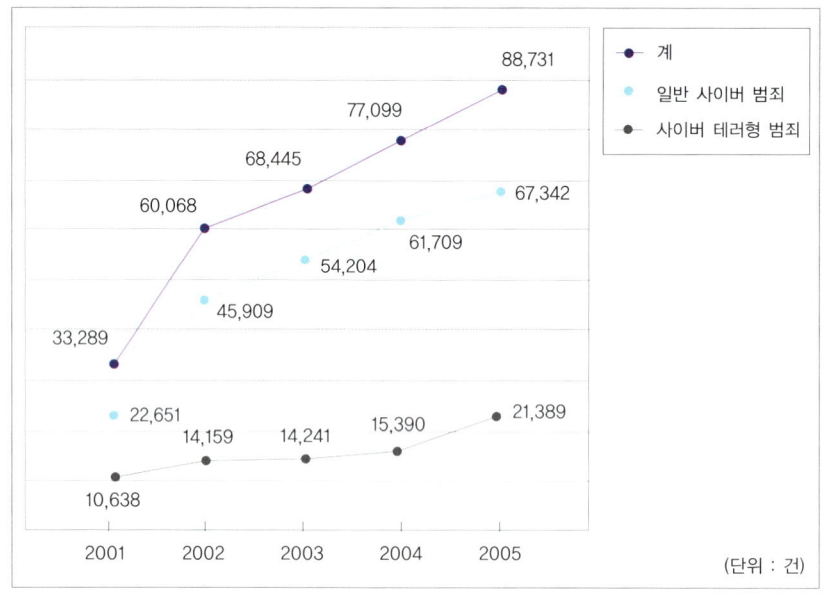

사이버 범죄 발생 현황   출처 : 경찰청 사이버테러대응센터

아이템 단가가 비싸고 유통 시장이 잘 형성돼 있어, 트로이 목마 악성코드를 이용해 이용자 계정만 알아내면 쉽게 돈을 벌 수 있기 때문이다. 이처럼 인터넷상의 개인정보는 그 가치에 비해 너무 쉽게 도용될 수 있는 위험에 노출되어 있다.

이 외에도 가장 악의적인 스팸메일로 작년부터 국내에서도 본격적으로 발견되기 시작한 '피싱 메일'이 있다. 피싱(Phishing)은 가짜 메일을 보내 개인정보를 낚시질(fishing)하는 것으로, 금융기관의 고객 안내 메일을 가장해 금융 정보를 빼낸 뒤 대형 금융 사고로 연결될 수 있어 심각한 문제를 야기한다.

이상에 언급한 몇몇 예들 외에도 사이버 공간에서의 범죄는 이미 그 파급 효과가 심각한 수준에 이르고 있다. '컴퓨터 통신 등을 악용하여 사이버 공간에서 행하는 범죄'를 사이버 범죄라고 말하는데, 그 목적에 따라 사이버 테러형 범죄와 일반 사이버 범죄로 나뉜다. 일반적으로 해킹, 바이러스 유포와 같이 고도의 기술적인 요소가 포함되어 정보통신망 자체에 대한 공격 행위가 이루어지는 것은 사이버 테러형 범죄로, 전자상거래 사기, 프로그램 불법 복제, 불법 사이트 운영, 개인정보 침해 등과 같이 사이버 공간이 범죄 수단으로 사용된 유형은 일반 사이버 범죄로 구분하고 있다.

사이버 범죄는 빠른 시간 안에 불특정 다수에게 치명적인 악영향을 미칠 뿐만 아니라, 사이버 공간이라는 특성상 정보 발신자의 추적이 어렵고 전자 정보의 증거 인멸과 수정이 간단하기 때문에 수사에 어려움이 많다. 개인정보 유출, 인터넷 사기, 피싱 사이트 등과 같은 일반 사이버 범죄는 최근 4년 사이에 세 배 이상 급격한 증가세를 보이고 있다.

인터넷 중독, 스팸메일과 음란물의 홍수

'인터넷 중독'이란, '지나치게 많은 시간을 인터넷에 할애하여 채팅을 하거나, 대인관계를 현실보다는 주로 사이버 공간에서 가지거나, 사이버 공간에서의 게임, 도박, 상거래, 정보 수집이 과도한 경우, 즉 다양한 행동 양상을 가지는 충동 조절의 장애'로 정의한다. 3일 내내 쉬지 않고 온라인 게임을 하다가 사망한 사건, 채팅에 빠져 가족들을 등한시하는 경우, 인터넷을 하느라 밤낮이 바뀌어 학교나 직장 생활에 어려움을 겪는 사례들이 심심치 않게 보도되고 있다.

게임 중독이 위험 수위에 이르고 있음은 아래의 사건일지를 통해서도 확인할 수 있다. 이와 같은 사례가 일반적인 것은 아니지만, 중독으로 인해 정상적인 생활을 영위하지 못하는 온라인 게임 중독자들이 점점 늘고 있음은 부인할 수 없는 사실이다.

▲ 2005년 1월 경남 사천 이모씨, 90시간 온라인 게임 중 사망
▲ 2005년 3월 대구 이모씨, 온라인 게임 후 심장마비로 사망
▲ 2005년 5월 경기 조모씨, 온라인 게임 강제 퇴출 후 투신자살
▲ 2005년 8월 대구 북구 이모씨, 50시간 온라인 게임 중 사망
▲ 2005년 9월 부산 해운대구 김모군, 온라인 게임 후 사망

정보통신부와 한국인터넷진흥원의 '2006년 상반기 정보화 실태 조사' 결과에 따르면, 평균 만 3세부터 인터넷을 시작해 5세 미만의 어린이 중 절반 이상이 많게는 일주일에 10시간 이상 컴퓨터 앞에 앉아 있는 것으로 조사되었다. 또한 정도의 차이가 있기는 하지만 전체 초·중고생의 절반 이상이 인터넷 중독 증상을 보이는 것으로 알려져 있다. 특히 청소년들이 인터넷 중독에 빠질 경우, 대인관계가 원만치 못하고 우울증, 정서불안 등 각종 정신질환에 걸려 사회 부적응자로 성장할 가능성이 높다고 한다. 인터넷 중독 청소년들은 자살률 역시 일반인에 비해 높은 편이다.

스팸메일도 인터넷 확산에 따른 부작용 가운데 하나이다. 일반적으로 '스팸'은 '이메일이나 휴대폰 등 정보통신 서비스를 이용하는 이용자의 단말기로 본인이 원치 않음에도 불구하고 일방적으로 전송되는 영리 목적의 광고성 정보'로 정의한다. 스팸의 유형은 어떤 전송 매체를 이용하느냐, 또는 어떤 내용의 콘텐츠를 광고하느냐에 따라 분류할 수 있다. 이메일이나 휴대

불법 정보(음란정보, 스팸 등) 발생 현황 (단위 : 건)

항 목	1998	1999	2000	2001	2002	2003	2004	2005
불건전 정보 심의건수	-	29,607	23,477	25,210	32,221	79,134	69,292	119,148
스팸메일 신고·상담건수	-	-	325	2,923	44,395	98,539	326,328	397,042
스팸메일 1일 평균 수신건수(통)	-	-	-	4.7	34.9	28.8	13.8	6.9

출처 : 한국정보진흥원

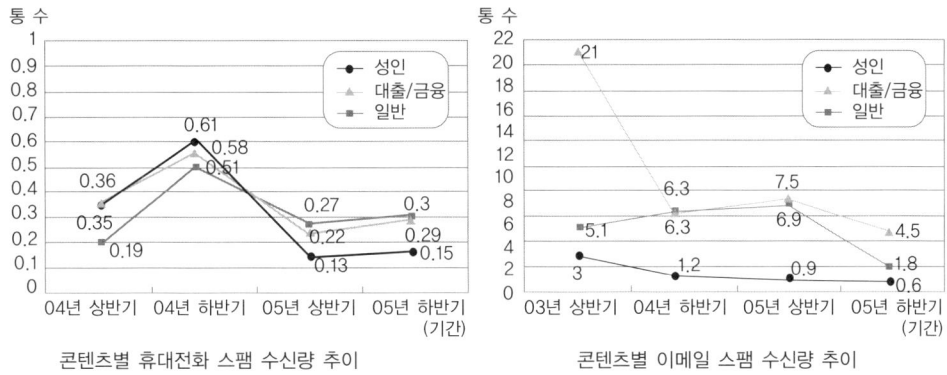

콘텐츠별 휴대전화 스팸 수신량 추이 / 콘텐츠별 이메일 스팸 수신량 추이

전화 이용자를 대상으로 수신한 스팸의 내용을 조사한 결과, 일반 재화 및 서비스, 성인물, 대출·금융 등으로 분류된다.

다행스럽게도 초고속 인터넷 이용자들이 받는 스팸메일 평균 수신 건수는 2002년을 정점으로 해마다 크게 감소하고 있는 추세이다. 이는 메일서버 등록제나 옵트인 제도(Opt-in, 사전에 사용자 동의를 얻은 경우에만 메일을 보내도록 허가하는 제도) 등 강도 높은 규제를 추진한 정부와, IP를 등록한 업체에 한해 대량 메일 송신을 허가하고 스팸메일 신고 기능 등을 제공한 포털 업체들의 노력이 어우러져 이루어낸 성과라 할 수 있겠다.

U-코리아가 여는 세상

2005년 초고속 인터넷 보급률 4년 연속 1위

2002년 초고속 인터넷 가입자 1,000만 돌파

1998년 초고속 인터넷 시대 개막

1994년 인터넷 상용화

4부
—
또 한 번의 신화를 향하여

16 초고속 인터넷의 향후 과제

우리는 진정한 인터넷 강국인가?

2000년대에 들어서면서 한국을 보는 세계의 눈이 달라지기 시작했고, 급기야 유수의 통신회사들이 한국을 다녀가며 놀라움을 표시하기도 했다. 그 이유는 바로 무서운 속도로 성장한 한국의 초고속 인터넷과 그 파급 효과 때문이었다. 하지만 냉정하게 그 내부를 들여다보면, 현재 상황에 만족할 수만은 없는 것이 사실이다.

과연 우리가 인터넷 강국일까. 혹시 인터넷 인프라 강국 또는 인터넷 이용률이나 사용 시간 측면에서 1위국이라는 것이 정확한 표현 아닐까. 어떤 의미에서 보면, 인터넷 강국은 맞을지 몰라도 인터넷 선진국으로 대접받기에는 아직도 부족한 점이 있는 듯하다. 이를 크게 문화적인 측면과 삶의 질 측면에서 살펴보기로 하자.

2006년 우리에게 최대의 이벤트는 독일 월드컵이었고, 최대의 관심은 16강을 넘어 태극전사들이 어디까지 오를 수 있는가였다. 그러나 16강 진출은 실패했고, 심판의 오심 논란이 주요 이슈로 떠올랐다. 오심 논란이 있었던 스위스전 바로 다음날, 많은 게시판과 블로그에 다음과 같은 글이 올라왔다.

FIFA에게 편지 보내는 방법

XXX님이 쓰신 글을 퍼온 것!!

지금 아래 주소로 들어가셔서 얼른 항의하세요!

경기가 끝난 뒤 24시간 동안만 항의할 수 있다네요.

방법은 간단해요ㅠㅠ 아래 설명도 나와 있구요!

http://add.yahoo.com/fast/help/us/fwc06/cgi_feedback

드디어 찾아냈습니다!!

이곳에 들어가셔서 영어로 항의 글을 써주세요!!!

아래 영어 표현을 참고해주시고 써주세요!!

- 이하 생략 -

이후 곧바로 피파(FIFA) 홈페이지는 한국 쪽에서 접근하는 인터넷 통로를 차단하였다. 한국의 인터넷 사용자들의 온라인 시위로 인한 부작용을 우려했던 것이다. 한국이 아니라 다른 나라였어도 피파가 그렇게 신속한 조치를 취했을까. 아마 2002년 한일 월드컵 이후 한국 네티즌들의 위력(?)을 여러 차례 경험해본 결과라 생각된다. 우리나라는 첨단 IT와 통신망 인프라의 이면에 활동력이 왕성한 인터넷 사용자들이 있고, 어떤 이슈들, 특히 민족주의를 자극하는 사건이 터지면 어김없이 집단행동을 취하는 경향이 있다.

여기에서 특히 문제가 되는 것은 위의 인용 글에서 볼 수 있듯이, 확실하지 않은 내용을 사실처럼 유포한다는 것과 거기에 소수 의견을 낸 사람들이 설 자리가 없다는 사실이다. 선진국의 모습은 으레 자신의 의견을 자유로이 피력할 수 있는 사회, 어떤 의견에 대해서도 타인을 배려하고 존중하는 사회, 자율적으로 질서가 유지되는 사회로 그려지게 마련인데, 적어도 지금까지의 모습으로 보았을 때 우리가 완벽한 인터넷 선진국이라고 하기에는 무리가 있을 듯하다.

두 번째로, 인터넷으로 인해 과연 우리네 삶의 질이 얼마나 높아졌는지를 되돌아보자. 인터넷 보급률이 높고 이용 시간이 높은 국가들은 대부분 선진국이며, 분명 인터넷은 우리의 삶의 질을 높여주는 긍정적인 효과를 가져다주었다. 실제로 오프라인에서 온라인으로 쇼핑과 금융 업무가 전환되면서 얻은 효과는 사람들이 더 많은 시간을 생산적이고 창조적인 일에 사용할 수 있게 되었다는 점이다. 오프라인의 시공간 제약에서 자유로워진 것은 확실히 획기적이고 긍정적이라 할 수 있겠다.

하지만 반대급부로 온라인 게임이나 도박, 음란물 등 중독성 강한 서비스들을 과거에 비해 쉽게 접하게 됨에 따라, 이것이 삶을 피폐하게 하는 위험요소로 돌변하여 사회적 문제를 일으키고 개인의 삶을 파괴하는 주범으로 지목되기도 한다. 다시 말하면, 삶의 수단으로 긍정적인 역할을 하는 것이 아니라, 오히려 점점 삶의 목적이 되어 악영향을 미치게 된 것이다. 이는 PC방에서 온라인 게임에 중독되어 며칠씩 게임에 열중하다 사망한 30대 직장인에 대한 뉴스나, 온라인상의 악감정이 오프라인상의 난투극과 살인으로까지 이어졌던 극단적인 예를 들지 않더라도 주위에서 쉽게 확인할 수 있다.

마지막으로, 정보 격차의 문제를 한번 생각해보자. 현재 초고속 인터넷이 전국적으로 포화 상태에 도달해 있으나 아직도 도시와 농어촌의 정보 격차가 상당 부분 해소되고 있지 않은 실정이다. 예를 들어, 2005년 말 기준으로 대도시 가구의 80% 정도가 초고속 인터넷 사용이 가능한 반면, 군(郡) 단위에서는 인터넷 가능 가구가 50% 미만인 것이 현실이다. '디지털 격차(Digital Divide)'라 불리는 이러한 도시와 농어촌 간의 정보 격차는 앞으로 노령화의 진전과 소득 격차의 확대와 맞물려 세대 간, 빈부 간 갈등을 심화시킬 우려가 크다. 따라서 정보 격차의 해소를 위한 기술적, 정책적 노력이 더욱 필요하다.

아직은 진정한 인터넷 강국이라 하기에는 미흡한 실정, 과연 어떤 과제들을 해결해나가야 할 것인가.

깨끗하고(Clean) 안전한(Secure) 인터넷을 향하여

쏟아지는 스팸메일부터 개인정보 유출과 사이버 보안, 사이버 폭력, 인터넷 중독, 청소년 유해 사이트, 인터넷 범죄까지, 이 모든 문제들은 세계 최고의 초고속 인터넷 인프라를 가진 한국의 또 다른 모습이며 넘어야 할 과제이다. 정부, 기업, 개인 차원에서 다양한 기술적, 제도적, 문화적인 해결 방안이 필요하다는 데는 이미 사회적인 합의가 이루어진 것으로 보인다.

우선 기술적으로는 인터넷 공간을 깨끗이 운용할 수 있도록 인터넷 사이트 검색 기능과 정화 기능을 갖는 엔진 개발이 필요하다. 유해 정보 차단을 위해 정부 차원에서도 다각도의 노력이 시도되고 있는데, 2003년 6월부터 정보통신부는 'e-클린 코리아(e-Clean Korea)' 캠페인을 펼치면서 유해 매체 차단 소프트웨어 등을 보급하는 활동을 벌여왔다. 하지만 아직까지 충분한 효과를 발휘하지 못하고 있어 기술적, 법률적, 사회적인 공동 대응이 지속적으로 요구되고 있다.

또한 보안 기능 강화와 개인정보 유출 방지를 위한 대책 마련이 추진되어야 한다. 여러 사이트에 가입하면서 입력하는 개인정보들이 심지어 간단한 검색을 통해서도 쉽게 공개되고 있는 정도여서 범죄에 오용될 소지가 충분하기 때문이다. 개인정보 유출을 막을 수 있도록 네트워크상의 부적절한 접근 차단, 모니터링, 암호화 등의 보안 기술과 정책에 의해 상당 부분 해결할 수 있을 것으로 전망된다. 그리고 이러한 위험 요인을 근본적으로 제거하기 위하여 향후 신뢰성 있는 개인정보 관리 서비스가 등장할 것으로 예상된다. 이는 개인의 정보를 안전하게 관리하며 필요할 경우 제한된 범위에서만 신뢰하는 상대방에게 개인의 정보를 공유하여, 결과적으로 인터넷 활동의 안전성을 최대한 보장해줄 것이다. 정보 보안 문제는 향후 유비쿼터스 인터넷 시대가 도래하면 더욱 심화될 것으로 예상되고 있어 시급히 해결해야 할 과제이다.

다음으로 제도적·문화적으로는 인터넷 실명제 등 규제책에 대한 논의가 이루어지고 있으며, 인터넷 기업들에게는 자각과 윤리가 강력히 지적되고 있다. 또한 어린이와 청소년들에 대한 올바른 인터넷 교육을 비롯해 개인 차원의 건강한 인터넷 문화가 요구된다. 정보통신 윤리 교육과 캠페인 등을 통해 의식 변화를 유도하는 정책이 필요하며, 이러한 일은 정부, 기업, 가정, 학교, 그리고 이용자 본인 모두의 참여와 노력을 통하여 달성될 수 있을 것이다.

제도와 문화 측면에서 구체적으로 어떤 해결책을 쓸 것인가에 대해서는 좀 더 장기적인 안목이 필요한 것으로 보인다. 일례로, 지난 2005년 인터넷 실명제에 대한 논의가 온·오프라인 모두에서 뜨겁게 달아올랐다. "게시판 이용에 실명을 의무화할 것이냐" 하는 것이 핵심이었던 이 논의에서, 게시판의 정화와 책임 있는 비판을 가능하게 할 것이라는 찬성 측과, 전체주의적 발상이며 개인정보 문제 등 실명 공개에 따른 폐해가 발생할 것이라는 반대 측의 의견이 첨예하게 나뉘었다. 아직까지도 이에 대한 찬반 논란이 계속되고 있으며, 정부 차원에서 이를 제도화하기 위한 노력이 이루어지고 있다. 건강한 사이버 세계를 향한 노력은 단순히 가지만 쳐서는 본질을 해결할 수 없다는 사실을 다시 한 번 일깨워준 것이 바로 인터넷 실명제 논의였던 것이다.

하지만 그 무엇보다도 부모나 교사 등 주변의 적극적인 참여가 필수적이다. 2004년 5월 KT문화재단의 조사에 따르면, 초·중·고교에 다니는 아이들 10명 중 9명이 집에서 인터넷을 이용하는데, 초등학생의 14.4%, 중학생의 30.3%, 고등학생의 49%가 음란물을 접하는 것으로 나타났다. 그러나 더 큰 문제는 학부모 500명 중 82%는 자녀들이 음란물을 접한다는 사실조차 몰랐다는 것이다. 세심한 관심과 지도가 없으면 청소년들이 유해 정보에 무방비로 노출되는 곳이 바로 인터넷 공간이라는 사실을 깨달아야 한다.

현재 초고속 인터넷의 기술적 한계

꼭 집이나 회사같이 일정한 장소가 아니더라도 언제 어디서든 초고속 인터넷을 사용할 수는 없을까. TV나 휴대단말을 통해서도 자유롭게 인터넷을 사용할 수 없을까. 왜 컴퓨터로 보는 인터넷 방송은 화면도 작고 품질이 열악할까. 왜 TV나 휴대단말에서 이용할 수 있는 서비스들은 쓰기도 불편하고 그 종류도 많지 않을까.

이와 같은 질문들은 많은 인터넷 이용자가 가지고 있는 의문일 것이다. 그리고 한국 초고속 인터넷의 발전은 이러한 질문들에 대해 하나하나 답을 제시하는 방향으로 나아가고 있다.

유선 중심의 고정형 인터넷 – 이동성 제약 | 네티즌들은 이제 PC방이나 집, 회사에서만 하는 인터넷에 만족하지 못하고, 언제 어디서나 이동하면서도 인터넷을 이용하고 싶어 한다. 이는 이동통신 무선 데이터 시장의 성장세를 보면 쉽게 알 수 있다. 제한된 속도와 한정된 콘텐츠, 값비싼 요금에도 불구하고 연평균 73%의 높은 성장률을 보이고 있다.

그렇다면 무선에서도 인터넷을 좀 더 빠르고 싸게 이용할 수는 없을까.

현재의 초고속 인터넷은 고정형 중심이기 때문에 앞으로 발전해야 할 여지가 많다. 언제 어디서나 초고속 인터넷에 접속할 수 있는 유무선 통합망이 아직 갖추어지지 않았기 때문이다. 2006년 6월 말 기준으로 한국인터넷진흥원이 조사한 인터넷 이용 실태 조사 결과(복수 응답)를 보면, 인터넷 이용 장소의 97.3%가 가정이고 그 다음으로 회사(30.2%), PC방과 같은 상업 시설(23.7%), 학교(12.8%) 순으로 나타났으며, 무선 접속을 포함하여 장소 구분 없이 인터넷에 접속한다고 응답한 사람은 11.6%에 불과했다. 핸드폰을 이용한 무선 데이터 서비스는 100Kbps 수준의 저속인 데다 사용할 수 있는 서비스에도 제약이 많으며 비싼 요금으로 인한 부담 때문에 SMS(단문 메시지) 서비스를 제외하고는 아직 활성화되지 않고 있다.

유선 중심의 인터넷이 갖는 위치 제약의 문제점을 다소 극복할 수 있는 대안으로 와이파이(WiFi, Wireless Fidelity) 기반의 무선랜 서비스가 제공되고 있다. 이 서비스는 사무실이나 가정을 비롯해 '핫스팟(Hotspot)'으로 불리는 공공장소(또는 준공공장소), 예를 들어 공항, 고속도로 휴게소, 시청 앞 광장,

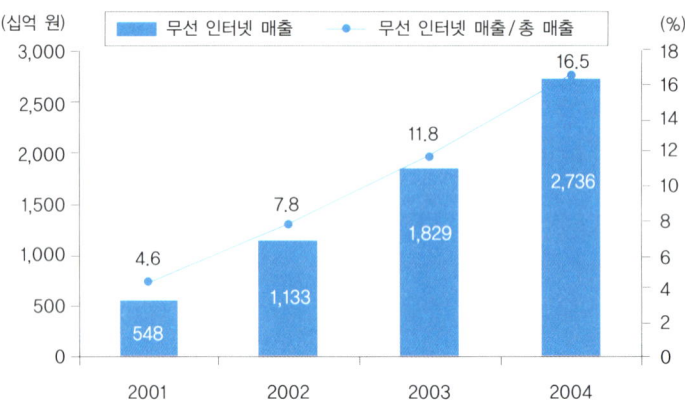

국내 무선 인터넷 매출 추이(자료 : 이동통신 사업자 3사 IR Report)

호텔, 음식점, 카페 등과 같이 사람들의 이동이 많은 밀집 장소에서 무선으로 인터넷에 접속할 수 있는 서비스이다.

세계 최초로 와이파이 무선랜 기반의 서비스를 시작한 KT의 경우, 가입 고객은 2005년 말 기준으로 전국에 약 55만 명 수준인데 이는 세대수 기준으로 보면 전국 가정의 약 3%에 불과한 실정이다. 또한 KT가 구축한 핫스팟은 2006년 1월 말 기준으로 전국에 약 9,500개가 있는데, 이와 같은 수치는 비록 다른 사업자에 비해 월등히 많기는 하나 인터넷의 지역적인 제약을 해소하기에는 턱없이 부족한 수준이다.

이러한 와이파이 기술이 가지는 지역적인 제약을 극복하기 위해 좀 더 넓은 영역에서 초고속 무선 인터넷을 가능하게 하는 기술이 속속 등장하고 있는데, 현재 KT에 의해 서비스되고 있는 와이브로(WiBro) 기술이 그 대표적인 예라 할 수 있겠다. 와이브로에 대해서는 추후 좀 더 상세히 소개하도록 한다.

국내 핫스팟 지역별 분포 현황

지역	핫스팟
서울	2,056
경기도	1,342
인천	277
부산	617
대구	787
광주	330
충청북도	305
충청남도	384
전라북도	475
전라남도	347
경상북도	806
경상남도	541
제주도	185

자료 : http://www.jiwire.com, 2006. 1. 23.

컴퓨터 중심의 인터넷 – 단말기 제약 | 현재 초고속 인터넷에 접속되는 단말기는 주로 컴퓨터에 한정되어 있어서 컴퓨터가 없는 가정이나 일부 주부, 중장년층, 노인들과 같은 이른바 컴맹 세대에게 인터넷은 아직까지 먼 남의 나라 이야기일 뿐이다. 얼마 전 87세이신 필자의 아버지가 호적등본을 떼러 가야 하는 일이 있었는데, 본적지 구청에서만 가능하다고 잘못 알고는 성북구청까지 가려고 하셨다. 분당에서 성북구청까지 정부망이 다 연결되어 있어서 동네에서도 할 수 있다는 사실을 필자가 알려드리지 않았다면 왕복 몇 시간

을 길에서 허비하셨을 것이다. 실제로 여러 측면에서 인터넷 활용 능력이 있느냐 없느냐에 따라 생활의 편리 · 불편이 바로 직결되는 상황에 이르러 있는 것이다.

2006년 6월 말 기준으로 우리나라의 인터넷 이용률은 남성이 79.3%, 여성이 67.6%로서 전체 인구의 70% 이상이 인터넷을 이용하고 있으나, 50대는 37.5%, 60세 이상은 15.2%에 불과한 것으로 나타났다. 이는 50대 이상의 장년층과 노년층에 대한 지속적인 정보 격차(digital divide) 해소 노력이 필요하다는 것을 의미한다. 정보 격차를 해결하기 위해 쉽고 싸게 인터넷 교육을 받을 수 있도록 사회적 장치가 마련되어는 있으나, 더욱 근본적인 해결을 위해서는 쉽게 인터넷에 접근할 수 있도록 '누구나 쓸 수 있는' 사용자 인터페이스가 필요하다. 또한 인터넷이 이미 일상화되었지만 아직까지 우리 삶 깊숙이 자리 잡지 못하고 있는 것도 다양한 단말기로 간편하게 서비스를 이용할 수 없는 제한적인 상황 때문이기도 하다.

컴퓨터뿐만 아니라 PMP, PSP, PDA 등 다양한 휴대단말, TV 구분 없이 어느 단말에서도 동일한 서비스를 쉽게 받을 수 있게 된다면, 한층 우리의 생활과 밀접하게 결합된 인터넷 서비스가 가능해질 것으로 예상된다. 2005년 12월 기준, 인터넷 사용시 주로 사용하는 단말기를 조사(복수 응답)한 결과에 따르면, 인터넷 이용자의 98.3%가 컴퓨터를 주로 사용하는 것으로 나타났다. 이동전화를 통한 인터넷 사용도 35.2%의 비교적 높은 비중을 차지하고는 있으나, 단말 성능의 한계로 인해 사용 가능한 서비스 제약이 큰 실정이다. 이 외에 TV나 게임기를 이용한 인터넷 사용은 1~2%대로 극히 낮은 수치를 보이고 있다. 이러한 현상의 근본적인 원인은 컴퓨터 이외의 단말에 인터넷 통신 기능이 보편화되어 있지 않기 때문인데, 이는 향후 홈네트워킹이나 무선 네트워킹 기술의 발달로 점차 해결될 것으로 예상된다.

또한 다양한 인터넷 단말이 확산되기 위해서는 합리적인 이용 가격이 뒷받침되어야 하며, 단말에서 사용할 수 있는 콘텐츠와 응용 서비스가 다양해져야 한다. 우선 가격 문제는 향후 홈네트워킹 기술 발전과 초고속 무선 인터넷 기술의 등장으로 비교적 쉽게 해결될 전망이다. 이에 비해 콘텐츠와 응용 서비스 부족 문제에 관해서는 심도 있는 해결책이 필요한데, 독창적인 콘텐츠를 다양하게 발굴해내는 것이 가장 큰 과제로 꼽힌다. 이와 더불어 한 번 개발된 콘텐츠와 응용 서비스를 최대한 다양하게 활용하려는 노력 또한 필요하다. 현재는 대부분 컴퓨터 위주로 콘텐츠가 제작되고 있어 컴퓨터 이외의 단말에서 실행하려면 각 단말에 맞도록 다시 제작해야 하기 때문이다.

이를 위한 경제적인 방법 중 하나는, 현재 각 단말기별로 제공되는 콘텐츠 제공 구조에서, 단말기에 관계없이 하나의 콘텐츠 소스를 다양한 단말에서 사용할 수 있는 OSMU(One Source Multi Use) 환경을 구축하는 일일 것이다. OSMU는 오래 전부터 주장되어왔으며, 현재 웹 콘텐츠, 전자상거래를 위한 카탈로그 콘텐츠, 기업의 정형화된 문서, 아이디어와 지식, 비디오나 오디오 콘텐츠 등의 분야별 솔루션이 활발히 개발되는 추세이다. 또한 기존의 컴퓨터용 콘텐츠를 다양한 단말에서도 사용할 수 있게 하는 '자동 변환' 기술도 한 단계 높게 발전하리라 기대된다.

우리나라의 경우에는 웹 콘텐츠의 OSMU를 위한 시장이 형성되고 있으나 아직까지는 시작 단계이므로, 다양한 콘텐츠를 다양한 단말기에서 사용할 수 있도록 낮은 비용으로 변환할 수 있는 관련 기술의 획기적인 혁신이 요구된다.

신뢰할 수 있는 인터넷 서비스 – 품질과 신뢰성 제약 | 지금의 인터넷은 저렴한 최선형(Best Effort) 기반의 초고속 접속망을 기반으로 월드와이드웹을 통

'최선형(Best Effort) 네트워크'란?

"지금 우리가 사용하는 초고속 인터넷 서비스가 품질과 신뢰성이 보장되기 어려운 서비스라고?" 글을 읽으면서 놀라실 분이 많을 것이다.

우리가 현재 이용하는 인터넷 서비스는 IP 기반의 패킷 네트워크를 통해 흘러온다. IP 패킷 네트워크는 패킷에 적혀 있는 주소를 보고 목적지 방향으로 전달해주기만 할 뿐, 패킷이 제대로 전달되었는지 확인하거나 올바른 정보를 전달해줄 것을 보장하지 않는다. 패킷 네트워크는 모든 패킷에 대해 똑같이 최선을 다해 전달하려 노력한다는 의미로 '최선형 네트워크'라 부른다. 즉, 좋은 네트워크임에는 틀림없으나 전화망처럼 완벽하게 보장된 네트워크는 아니라는 의미다.

이러한 최선형 네트워크를 통하더라도, 서버나 PC가 네트워크에서 받은 패킷을 처리하는 과정에서, 받지 못한 패킷은 다시 보내줄 것을 요청하고 왜곡되거나 손상된 패킷은 바로잡아 줄 수 있기 때문에 사람들이 품질 문제를 느끼지 못하는 것이다.

반면 최선형 네트워크와 반대의 개념으로 사용되는 QoS 네트워크는 패킷을 용도나 중요성 측면에서 분류하고, 중요한 패킷에 대해서는 품질(전달 지연, 지터, 패킷 손실 등)을 보장해줄 수 있는 네트워크를 말한다.

네트워크의 품질 기준 - 지연, 지터, 손실

네트워크의 품질은 얼마나 정확하고 신속하게 정보를 전달했느냐에 따라 정해진다. '지연'이란, 패킷이 출발점에서 목적지에 도달하는 데 걸리는 시간을 가리킨다. 빨리 패킷을 전달할 수 있으면 품질이 좋은 네트워크다. 그리고 '지터'는 여러 패킷들을 동시에 보낼 때 도착지에 도달하는 순서가 얼마나 흐트러져 있는지를 나타낸다. 많이 흐트러져 있을수록 순서를 맞추는 데 많은 시간이 소요되므로 품질이 나쁘다고 할 수 있다. 마지막으로 '손실'은 패킷이 네트워크를 통과하면서 사라진 정도를 나타낸다. 패킷을 잃어버리지 않을수록 네트워크의 품질이 좋다고 할 수 있다.

해 쉽고 편리하게 접속할 수 있도록 함으로써 서비스 확산에 성공하였다. 그러나 현재와 같은 형태의 인터넷은 근본적으로 품질과 신뢰성이 보장되기 어려운 망이므로, 개인정보 침해 및 사이버 범죄의 예방, 넘쳐나는 음란물이나 인터넷 폭력으로부터 청소년 보호, 품질(대역폭) 보장 서비스 제공 등에 제약이 따를 수밖에 없다. 따라서 앞으로 전개될 차세대 인터넷은 QoS(Quality Of Service, 서비스 품질)와 보안(Security)을 기본적으로 제공할 수 있는 신뢰성 있는 네트워크(Trust Network)를 목표로 하고 있다.

　미래의 인터넷은 기존의 최선형 서비스망과 차별화된 품질과 서비스를 제공할 수 있는 QoS망으로 구축되어야 한다. 이를 위해서는 지속적인 업그레이드가 가능한 구조의 지능적인 네트워크로 진화할 필요가 있다. 또한 대역폭, 지연, 지터, 패킷 손실 등 응용 서비스별 인터넷의 품질과 신뢰성 제공에 필요한 기준이 마련되어야 한다. 네트워크를 논리적으로는 지능화시키되 물리적으로는 단순화시킴으로써, 새로운 서비스의 신속한 개발을 촉진시키고 투자 및 운용 비용을 절감시키는 이점을 얻을 수 있다.

하드웨어와 소프트웨어, 콘텐츠의 국가 경쟁력 강화

2004년 7월에는 우리나라의 대표적인 벤처기업인 안철수연구소의 안철수 사장이 "우리는 진정한 인터넷 강국이 아니다"라는 따가운 자기 성찰을 내놓았다. 자사 홈페이지에 올린 '우리는 진정한 인터넷 강국인가'라는 제목의 CEO 칼럼이 그것이다. 이 칼럼에서 안철수 사장은, 우리나라가 초고속 인터넷 인프라 보급률이나 인터넷 사용 시간은 세계 정상이나, 하드웨어, 소프트웨어, 콘텐츠, 사용 행태 등 네 가지 면에서는 아직 후진국 수준을 벗어나지 못했다고 진단했다.

　안철수 사장의 글은 샴페인을 터뜨리는 데 집중해 자칫 소홀했던 부분을 돌아보게 하는 계기를 마련했다. 날카로우면서도 애정 어린 그의 고언(苦言) 전문을 소개해보겠다.

'우리는 진정한 인터넷 강국인가'

재작년 세계경제포럼, 일명 다보스포럼에 참석했을 때의 일입니다. 다보스포럼은 일반에 널리 알려져 있듯이, 세계 각국의 영향력 있는 정치 지도자, 세계 경제를 주름 잡는 유명한 경영자, 학자, 언론인 등이 한곳에 모여서 여러 가지 현안 문제에 대해서 심도 있는 논의를 하는 장입니다. 여기서 논의된 내용들이 세계 경제의 방향을 잡는 큰 틀을 제시함은 물론이며, 시간과 공간상의 제약으로 서로 만나기 힘든 유력 인사들이 한꺼번에 한 장소에 모여서 개인적인 친분을 나누고 정보를 교류하기 때문에 그 영향력은 더 커지고 있습니다.

모임의 형식도 다양하여, 청중들이 일방적으로 전문가들의 토론을 듣는 경우도 있지만, 식사를 하면서 테이블별로 주제를 논의하는 경우도 있었습니다. 제가 참여한 모임 중에는 IT산업 불황에 관한 주제를 다루는 저녁 모임이 있었는데, 주제가 주제인 만큼 마이크로소프트 사의 고위 임원을 비롯하여 각국의 많은 오피니언 리더들이 참석했습니다. 테이블별 논의가 끝난 후에는 각 테이블마다 한 사람씩 앞에 나와서 발표를 하고 모두 같이 토의하는 순서로 진행됐습니다.

놀라왔던 점은, 거의 절반에 가까운 테이블에서 한국에 대한 이야기가 나왔다는 점이었습니다. 당시 한국의 초고속 인터넷 보급률이 세계 1위이며 2위와의 격차도 엄청나게 벌어져 있다는 것을 많은 사람들이 이미 알고 있었으며, IT 불황을 타개하기 위한 한 방편으로 한국의 사례를 잘 연구하여 적용하자는 의견도 있었습니다.

이러한 이야기를 들으면서 저는 가슴 뿌듯함을 느꼈습니다. 세계 각국의 영향력 있는 사람들의 한국에 대한 인식이 이 정도일 줄은 몰랐고, 우리도 이제는 뭔가를 할 수 있는 위치에 왔다는 자부심도 들었기 때문입니다.

그러나 흥분의 시기가 지나가면서, 다시 한 번 더 냉정하게 생각을 해보지 않을 수 없었습니다. 우리는 과연 진정한 인터넷 강국인가? 초고속 인터넷 보급률 이외에도 앞서 있는 것이 있는가? 저는 "그렇지 않다"는 결론을 내릴 수밖에 없었습니다.

우선 우리나라의 초고속 인터넷 인프라를 구성하고 있는 장비들을 살펴보면 거의 대부분이 외국산이며, 국내 기술로 대처할 수 있는 것은 거의 없습니다. 속도가 빨라지고 용량이 커질수록 이러한 경향은 더욱 심합니다. 장비뿐만이 아닙니다. 핵심이라고 할 수 있는 소프트웨어도 거의 대부분이 외국산입니다. 심하게 표현하자면, 우리는 인터넷망을 설치하고 운영하고 있을 뿐 외국 회사들에게 돈을 벌어주는 거대한 시장 노릇을 하고 있는 것입니다.

하드웨어, 소프트웨어 인프라 이외에 콘텐츠 분야도 경쟁력이 떨어집니다. 저는 유학 시절에 미국의 콘텐츠 경쟁력을 실감한 적이 있었습니다. 이사를 마친 후 우연히 서점에 들렀는데, 서점 한구석에 그 도시에 정착하는 방법에 대한 책이 빼곡히 차 있었습니다. 집을 구하는 방법, 주요 관공서의 위치, 각종 물품을 싸게 사는 방법 등 처음 그 도시에 정착하는 사람에게 도움이 될 수 있는 각종 정보들이 책으로 정리되어 있었습니다. 다른 도시에 가보아도 상황은 마찬가지였습니다. 또한 정착하는 방법뿐만 아니라 상상할 수 없을 정도의 다양한 정보들이 정리되어 책으로 나와 있었습니다.

1990년대 중반부터 인터넷이 확산되면서 이렇게 풍부한 오프라인 콘텐츠들이 인터넷 콘텐츠로 변모하는 모습을 지켜보는 것은 제게는 놀라운 경험이었습니다. 인터넷 콘텐츠는 인터넷이 생긴 후에 만들어지는 것이 아니라, 그 전부터 가지고 있었던 오프라인 콘텐츠가 커다란 경쟁력을 제공해준다는 사실을 실감할 수 있었습니다. 기록 문화가 미흡하고 오프라인 콘텐츠가 부족한 우리의 실정이 걱정되지 않을 수 없었습니다.

인터넷의 사용 행태도 문제의 소지가 있습니다. 인터넷 사용 시간은 세계 최고의 수준이지만, 내용 면에서는 새로운 부가가치를 생성하기보다는 소비적인 측면이 주류를 차지합니다. 즉 게임, 채팅, 음란물, 동영상 교환 등 소비하고 즐기는 일이 인터넷 사용의 많은 부분을 차지하는 것입니다. 저는 소비 문화가 나쁘다는 것을 말하려는 것은 아닙니다. 창조적인 측면과 소비적인 측면이 같이 균형 있게 자리 잡아야 하는데, 한쪽으로 지나치게 편중되어 있는 것이 문제라는 것이지요.

세계 1위의 초고속 인터넷 보급률에 대해서는 자부심을 가질 만하지만, 하드웨어, 소프트웨어, 콘텐츠, 사용 행태에 이르기까지 우리에게 부족한 부분들이 아직도 너무나 많습니다. 따라서 우리는 샴페인을 터뜨리거나 자만할 때가 아니라, 아직도 모자라는 점이 많다는 것을 인식해야 합니다. 즉, 문제의식을 가지고 우리의 가장 큰 장점인 저돌적인 추진력으로 앞으로 나가야 할 때인 것입니다. 이렇게 전 국민적인 공감대를 가지고 열심히 노력할 때, 우리가 진정한 인터넷 강국이 될 수 있는 날도 멀지 않을 것입니다.

인터넷 단말의 향연

그야말로 정보 단말기의 전성기다. 전통적인 인터넷 단말이었던 컴퓨터를 비롯하여 핸드폰 단말, 스마트폰, PDA, PMP, 텔레매틱스 단말, 셋톱박스, 게임기, 전자액자, 최근엔 심지어 전기밥솥도 인터넷에 연결하여 똑똑한 밥짓기 기능을 제공하고 있다.

초고속 인터넷의 빠른 보급과 멀티미디어 콘텐츠의 대형화·다양화는 하드웨어와 소프트웨어의 발달을 촉진시켰다. 이에 따라 단말은 서비스별 독립 기능이 하나의 통합 단말로 수렴되는 멀티 기능화, 언제 어디서나 네트워크에 접속할 수 있는 극대화된 이동성 기능 등이 복합적으로 진행되고 있다.

● 이동통신망을 통해 인터넷 서비스 이용이 가능한 단말(사진 출처 : T-mobile 홈페이지)

● PDA와 휴대폰을 결합한 컨버전스(융합)형 기기인 스마트폰(삼성전자)

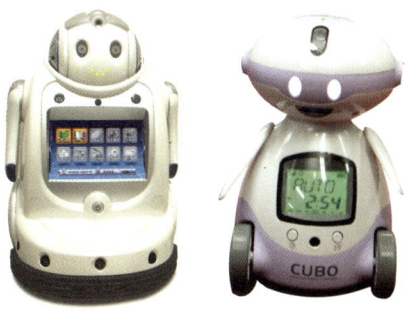

● KT의 국민로봇 큐피드(왼쪽)와 큐보

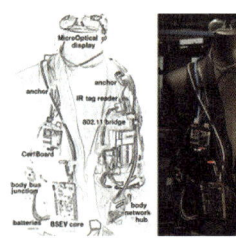
● MIT 미디어랩에서 연구 중인 '입는 PC' 구상도
●● 버추얼 키보드
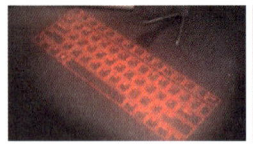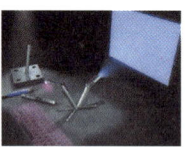

　조만간 네트워크 기반 지능형 로봇도 선을 보이게 될 것이다. 정보통신부는 '지능형 로봇'을 차세대 성장 동력의 하나로 선정하고, 2006년 10월부터 100만 원대 '국민로봇'의 본격 시범 서비스에 들어갔으며, 2007년부터 단계적으로 상용화될 예정이다. 네트워크 기반 지능형 로봇인 국민로봇은 네트워크를 통해 정보를 주고받으며 가정생활을 돌보는 생활·정보 도우미 역할을 하며, 유무선 통신이 서버와 로봇 간의 신경망 역할을 하게 될 것이다.

　단말의 발전에 발맞추어 인간 친화적인 입출력 장치도 다양하게 선을 보이고 있다. 이를 통해 이용자는 언제 어디서나 손쉽게 인터넷으로 각종 미디어를 접할 수 있게 될 것이다. '입는(Wearable) PC'와 '버추얼(Virtual) 키보드' 등이 여기에 속한다. 컴퓨터와 MP3 플레이어를 입고 다니는 시대의 개막을 알리는 '입는 PC' 등의 상용화가 미국 등을 중심으로 진전되고 있으며, 국내에서도 활발한 연구가 진행되고 있어 조만간 시제품이 선보일 예정이다.

17 제2의 인터넷 혁명, 새로운 미래를 열다

초고속 인터넷망에 대한 관심과 투자는 이미 우리나라뿐만 아니라 전 세계적인 현상이다. 전화 모뎀에서 시작하여 속도와 안정성이 높은 xDSL이나 케이블 모뎀, 그리고 FTTH 서비스로 바뀌어가고 있으며, 요금 또한 사업자 입장에서 책정되던 높은 요금에서 고객 위주의 체계로 변화되고 있다.

세계 최강의 인프라를 갖춘 우리나라는 혁신적인 서비스들을 속속들이 내놓고 있으며, 이제 전 세계의 이목이 우리나라로 집중되고 있다. 그 중심에는 미래 서비스의 기본 인프라인 '차세대 네트워크'와, 고속의 무선 인터넷 서비스인 '와이브로', 그리고 미래 유비쿼터스 시대의 대표적인 도시 모델인 'U-시티'와 궁극적으로는 'U-코리아'가 있다.

차세대 네트워크의 키워드 - 유비쿼터스, 고품질
앞서 언급한 바와 같이 현재의 초고속 인터넷은 '고정형' 인터넷이 주종을 이루고 있다. 이와는 반대로 이용자들은 언제 어디서나, 자신의 단말을 사용하여 인터넷을 사용할 수 있는 '유비쿼터스 인터넷'을 원하고 있다.

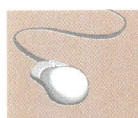

'유비쿼터스'란?

최근 몇 년 사이에 여기저기에서 '유비쿼터스'라는 말이 화두다. 유비쿼터스(Ubiquitous)란, '물이나 공기처럼 시공을 초월해 어디에나 존재한다'는 뜻의 라틴어다. 즉 정보통신에서 유비쿼터스란, 사용자가 장소에 상관없이 자유롭게 네트워크에 접속할 수 있는 정보통신 환경을 말한다. 지금까지 정보 전달에 장애 요소였던 시간과 공간의 장벽이 없어지고, 컴퓨터나 TV 등의 단말 제약에서도 벗어나 언제 어디서나 필요한 정보를 얻을 수 있는 것이 바로 유비쿼터스 환경인 것이다.
유비쿼터스 세상에서는 집이나 사무실은 물론 자동차, 심지어 산꼭대기에서도 인터넷을 이용할 수 있다. 네트워크에 연결된 컴퓨터나 사용자의 수도 늘어나면서 정보기술 산업의 규모와 범위도 그만큼 커지게 된다.

향후 유비쿼터스 인터넷으로 진화하기 위해서는 통신망, 단말, 콘텐츠, 응용 서비스의 삼박자가 균형 있게 발전해야 한다. 유비쿼터스 인터넷을 구현하기 위해서는 이동성, 휴대성, 정보 단말, 위치 기반 등의 조건들을 기본적으로 갖춰야 할 뿐만 아니라, 기존 유선에서 구현되는 서비스들이 서로 끊김 없이 제공되어야 하며, 사용자의 상황을 인지하여 그 상황에 적합한 서비스를 제공해줄 수 있는 지능도 갖춰야 한다.

또한 인터넷 사용자라면 누구나 겪어보았을 멀티미디어 서비스의 품질(혹은 품질의 일시적 저하) 문제 역시 해결해야 할 과제로 남아 있다. 이를 위해서는 네트워크에서 서비스 제공에 필요한 품질을 보장하기 위한 기능이 구현되어야 하며, 여러 통신 사업자들 사이에 같은 수준의 품질을 제공하기 위한 상호 규약과 품질 수준에 대한 공통적인 노력이 필요하다.

이를 위해 현재의 제한적인 통신망을 대신하여 고품질의 지능형 서비스를 제공하고 통신 영역을 넘어 새로운 형태의 융합 서비스를 가능케 하는 차세대 통신망 BcN(Broadband convergence Network)이 준비 중이다. 차세대 통신망에서는 방송, 전화, 인터넷이 하나의 네트워크상에서 제공될 수 있기 때문에 새로운 형태의 융합 서비스들이 출현할 것으로 예상된다. 또한 지금은 인터넷으로 동영상을 볼 때 속도와 화질 면에서 미흡한 점이 많지만, 품질이 보장되는 차세대 통신망이 활성화되면 안방에서 인터넷으로도 고화질 HD TV를 볼 수 있게 될 것이다.

국내에서는 지난 2003년부터 통신 사업자 주도로 BcN 사업이 추진되고 있다. 옥타브(KT), 유비넷(SK텔레콤, 하나로텔레콤), 광개토(데이콤), 그리고 케이블 TV 사업자들도 컨소시엄을 구성하여 가세했다. 우리나라뿐만 아니라 영국, 일본 등 해외 국가들도 경쟁적으로 차세대 네트워크 구축에 나서고 있다. 미래의 시장 경쟁력은, 얼마나 정교하게 제어 가능한 IP 통합 네트워크를 기반으로 하고 있는지에 달려 있다는 점을 절실히 느끼고 있기 때문이다. 차세대 네트워크를 기반으로 국가의 IT 경쟁력을 높이기 위해서는 이에 상응하는 통신망 구축과 동시에 콘텐츠 개발과 관련 법·제도의 정비도 함께 진행되어야 한다. 특히 통신, 방송, 그리고 다른 서비스가 연계되어 제공되는 융합 서비스의 경우, 기술과 콘텐츠의 발전과 함께 제도적 환경이 마련되어야만 더욱 빠른 대규모 산업의 발전이 가능해질 것이다. 그리고 이는 IT 선진국의 위상을 더욱 높이는 데 기여할 것이다.

와이브로, 움직이는 초고속 인터넷 시대를 열다

이제 우리나라는 새로운 무선 인터넷 혁명을 맞이하고 있다. 그 주인공은 차세대 무선 초고속 인터넷인 와이브로이다. 와이브로(WiBro)는 'Wireless-Broadband'의 약자로, 세계 최초의 휴대 인터넷 서비스이다. 우리나라는 이미 지난 2005년 세계 최초로 와이브로를 시연해 또 한 번 세계를 놀라게 했다.

언제 어디서나, 심지어는 이동 중에도 초고속 인터넷을 즐길 수 있는 이 서비스는 시속 100km의 속도에서도 최대 2Mbps의 속도로 데이터를 다운로드할 수 있다. 움직이면서 하는 인터넷임에도 불구하고 경제적인 가격으로 유선 ADSL의 속도를 이용할 수 있는 것이다.

와이브로가 대중화되면 길거리나 달리는 차 안에서도 온라인 게임이나 웹서핑을 하고, VOD 영화를 보거나 실시간 어학 콘텐츠를 학습하는 등, 집이나 PC방에서만 가능했던 일들이 밖에서도 현실화된다. 한마디로 초고속 인터넷에 날개를 다는 격이다. 와이브로 기반 서비스의 한 예로, 누구나 방송 제작자가 되어 교통, 날씨, 뉴스 등의 콘텐츠를 직접 촬영, 방송사 서버로 실시간 전송하여 방송하는 모바일 방송국 서비스도 가능하다.

2006년 2월, 동계올림픽이 열렸던 이탈리아 토리노에서 이른바 '와이브로 버스'가 등장해 눈길을 끌었다. 삼성전자가 마련한 이 버스는 토리노 시내를 달리며 와이브로를 체험해볼 수 있도록 45인승 대형 버스를 개조한 특수차였다. 약 20분 동안 버스를 타고 토리노 시내를 달리며 무선으로 인터넷에 접속, 동영상도 감상하고 화상 회의도 하고 웹사이트 검색도 하는 등 여러 가지 시범 서비스를 체험하도록 했다. 이 버스를 타보기 위해 줄을 서서 기다릴 만큼 큰 관심과 인기를 모았고, 유럽인들에게 '움직이며 인터넷을 즐기는 세상'이라는 깊은 인상을 주었다.

이보다 앞선 2005년 11월 APEC 정상회담 기간에는 KT 주도로 와이브로 시연 행사가 개최돼 뜨거운 찬사를 받은 바 있었다. 고급스런 PC방을 버스 안에 그대로 옮겨놓은 듯한 '와이브로 체험 버스'를 비롯하여 다양한 시연 행사들이 열렸고, 각국 정상들과 통신사, 취재진들은 놀라움과 부러움을 감추지 못했다. 한 개발도상국 정상은 "초고속 인터넷에 대해 우리는 이제 막 걸음마를 시작하려는데, 한국은 이미 날아오르고 있다"며 개탄했다고 전해진다.

APEC 기간 동안 성공적인 시연을 선보이면서 와이브로는 해외 수출의 가능성도 열었다. 전 세계 45개 통신사의 최고위급 임원들이 KT를 찾아와 와이브로 서비스를 도입하고 싶다는 의사를 밝히며, 비즈니스 모델과 향후 발전 방향 등을 요청했다고 한다. 이 덕분에 국내 장비업체는 물론 콘텐츠

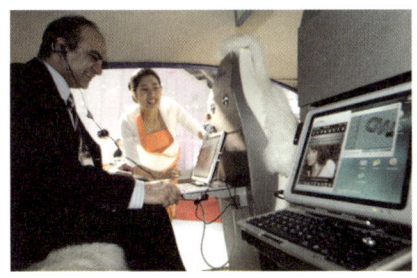 

● 2005년 부산 APEC에서 와이브로 서비스를 체험해보는 외국인. 어떤 외국인은 자기 나라에 있는 친구에게 음성 채팅을 시도했는데, 이동하면서 채팅하는 중이라고 말했더니 친구가 놀라며 믿으려 하지 않았다고.
●● APEC에서 시연에 이용된 와이브로 단말. 이 날 KT는 노트북에 꽂는 카드 형태와 PDA 형태의 단말을 선보였다.

업체들이 운용 시스템부터 장비, 응용 프로그램을 수출할 수 있게 되기도 했다. 전 세계를 대상으로 성공적인 시연을 마친 KT의 와이브로는 2006년 6월에 서울과 수도권을 중심으로 상용 서비스를 시작했으며, 이제 한국은 '세계 최초의 와이브로 상용화'라는 또 하나의 이정표를 세우게 되었다.

와이브로가 기대를 모으는 배경에는 크게 두 가지 이유가 있다. 첫 번째는 와이브로 기술이 지난 2005년 삼성전자, KT, 한국전자통신연구원(ETRI) 등이 공동으로 개발한 순수 우리 기술이라는 점이다. 더구나 지난해 말 우리가 개발한 통신 기술로서는 최초로 국제전기전자학회(IEEE)에서 이동형 무선 인터넷의 국제 표준으로 인정받는 쾌거를 이루어냈다. 와이브로를 사용하는 국가가 늘어날수록 우리가 거둘 수 있는 수익도 늘어나게 되는 것이다.

두 번째로 더욱 뜻 깊은 것은, 세계 최대의 통신 시장인 미국 본토에 한국 주도의 통신 기술이 진출하는 것은 와이브로가 처음이라는 점이다. 삼성전자는 일본(KDDI), 미국(스프린트 넥스텔), 이탈리아(TI), 영국(BT), 브라질(TVA) 등 7개국과 와이브로 공급 및 상용화 계약을 맺은 바 있다.

또 하나의 새로운 세상, 인터넷 TV

차세대 초고속 인터넷을 기반으로 한 인터넷 TV 역시 새로운 생활상을 창조할 수 있는 서비스로 주목받고 있다. 초고속 인터넷망을 통해 방송 서비스와 쌍방향 인터넷 서비스를 TV로 동시에 제공한다. 컬러 TV가 보급된 1980년대 이래 20년 넘게 계속되어왔던 일방향 방송에서 벗어나, 마침내 쌍방향, 지능형 TV 시대가 개막된 것이다.

최근의 인터넷 발전 추세를 한마디로 이야기하면 '융합(convergence)'이라고 할 수 있다. '융합'이란 지금까지의 정보 전달 수단이었던 전화, 인터넷, 방송, 우편, 출판 등의 경계가 없어지는 것을 의미한다. 인터넷 TV는 이러한 디지털 융합 흐름의 한가운데에 있는 것이다.

기존 방송에 데이터 및 통신 서비스가 융합된 인터넷 TV 서비스는 어떠한 새로운 경험들을 가능하게 할까. 우선 수많은 채널을 제공하는 서비스와 자신이 보고 싶은 방송 프로그램을 직접 선택할 수 있는 VOD 서비스는 기본이다. 드라마를 보면서 드라마 속 소품, 의상, 촬영 장소 등에 대한 상세한 정보 검색과 신속한 구매도 가능하다. 또한 친구들과 같은 TV 방송을 보면서 동시에 음성이나 영상 채팅을 통해 즉시 의견을 나눌 수도 있다. 이렇듯 우리 생활 전반에 편리함과 즉시성, 즐거움을 줄 수 있는 새로운 형태의 이용 패턴들이 가능해지게 된다.

영국, 이탈리아, 홍콩, 일본, 프랑스 등지에서 이미 제공되고 있는 인터넷 TV 서비스는 대표적인 통신·방송 융합 서비스로서,

2006년 3월, KT 미디어센터를 방문한 알제리 기자단

디지털 콘텐츠와 밀접하게 결합되어 연간 50% 이상 고속 성장할 것으로 예측되고 있다.

이제 'U-코리아'다!

영화 속에서나 보던 일들이 현실에서도 가능해지는 유비쿼터스 세상. 이를 위해 우리 정부와 기업에서도 발 빠르게 움직이고 있다. 2006년 2월, 정보통신부는 지난 2004년 수립한 'IT839 전략'보다 한 단계 업그레이드된 'U-IT839 전략'을 내놓았다.

이에 따르면, 오는 2010년에는 유선 1,000만 가입 가구와 무선 1,000만 가입자에게 광대역 멀티미디어 서비스 제공이 가능한 세계 최고 수준의 광대역통합망(BcN)이 구축될 것이다. 또 유비쿼터스가 결합된 새로운 개념의 'U-시티'가 건설되고, 무선 통신 기술인 전자태그(RFID)가 통신 인프라의 핵심 기술로 자리 잡게 된다. 또한 언제 어디서나 인터넷이 가능한 와이브로 서비스를 2006년 내에 시작하고, 지상파 디지털 멀티미디어 방송(DMB) 서비스를 전국으로 확대하며, 100만 원대 지능형 로봇을 출시한다는 등의 핵심 8대 기술도 포함돼 있다.

'U-IT839 전략'이 성공적으로 추진된다면 2010년 우리나라는 세계 최고 수준의 유비쿼터스 인프라 위에 세계 최초의 유비쿼터스 사회를 실현할 수 있다는 것이 정부의 청사진이다. 이를 바탕으로 국민소득 2만 2,000달러, 국가 경쟁력 15위권, 국민 삶의 질 25위권을 달성하겠다는 포부도 뒤따르고 있다.

유비쿼터스 기술이 총체적으로 결집될 첫 비즈니스 모델로서는 'U-시티'가 대표적이다. 'U-시티'는 초고속 인터넷 인프라를 기반으로 하여 첨단 지능

U-IT839 전략 품목(출처 : 정보통신부)

형 빌딩과 지능형 도로 등의 건축 인프라, 홈네트워킹이나 건물 관리 시스템 등의 솔루션, 사이버 교육이나 IP 미디어 콘텐츠 등 정보통신 기술의 제반 요소들이 결합된 공간을 일컫는다. U-시티는 현재 일본, 홍콩, 말레이시아, 대만, 네덜란드 등 세계 각국에서 경쟁적으로 시도되고 있으며, 우리나라에서도 부산, 화성 동탄, 파주, 대전, 인천 송도, 용인 흥덕, 제주를 비롯한 전국 각지에서 U-시티가 구축되고 있다.

U-시티가 완성되면 과연 우리의 생활은 어떻게 바뀌게 될까. 우선 U-시티 안에서는 모든 곳이 유선 또는 무선 네트워크로 연결돼 있어 휴대폰이나 PDA를 이용해 업무를 볼 수 있으며, 주변 정보와 날씨·교통 정보, 온라인 쇼핑 등을 이용할 수 있다. 축구 경기나 도서관에 비치된 책 등을 공원 같은 야외에서도 실시간으로 즐길 수 있고, 지하철이나 버스를 타고 가면서 신속하게 자료를 보내거나 시급한 업무를 처리하는 일도 가능해진다. 집 안에서는 TV, 냉장고, 난방 시설 등 가전기기들이 하나의 홈네트워크로 연결돼, 밖

U-시티 안에서 제공되는 서비스들

에서도 휴대단말기로 조작할 수 있다. 또한 간단하게 내 몸의 건강 상태를 살피고 원격으로 주치의의 진료를 받을 수도 있게 된다. 이 외에도 지금 당장 예상하지 못하는 수많은 서비스들이 앞으로 출현하게 될 것으로 예상된다.

　초고속 인터넷을 기반으로 하여 사람과 정보, 사물이 유기적으로 연결되는 U-시티. 이 안에서 인간의 생활은 윤택해지고 기업 활동의 생산성은 획기적으로 높아지게 될 것이다. 더불어 'U-코리아'를 통해 국가 경쟁력이 또다시 한 단계 향상될 한국의 미래 모습을 설레는 마음으로 상상해본다.

와이브로와 와이파이, 모바일 인터넷

와이브로와 와이파이(무선랜), 그리고 휴대폰을 이용한 모바일 인터넷은 종종 혼동되곤 한다.

우선 와이파이는 중계기가 위치한 지역 내에서만 인터넷을 사용할 수 있는 서비스다. 중계기의 전파가 미치는 범위인 반경 100m를 벗어나면 접속이 끊어지게 된다. 사용자가 중계기 범위를 벗어나면 자동으로 다른 중계기 지역으로 전파를 넘겨주는 '핸드 오버'가 안 되기 때문이다. 따라서 집, 사무실, 공공장소와 같은 소규모 장소에서 사용하는 용도로 적합하다.

반면 휴대폰을 이용한 모바일 인터넷은 서비스 제공 반경이 크며 핸드 오버가 가능해 언제 어디서나 사용이 가능하다는 장점을 가진다. 하지만 요금이 사용량에 따라 부과되기 때문에 동영상 파일을 전송받으면 수만 원 이상의 요금이 나오는 등 요금이 비싸다는 문제가 있다.

무선 인터넷 기술은 이러한 접속 범위의 제약과 가격의 문제, 그리고 속도를 함께 해결하는 방향으로 발전해 나가고 있다. 현재 와이브로 기술을 통해 현실적으로 무선 초고속 인터넷을 제공할 수 있는 초석이 마련된 상태이며, 향후 더욱 발전된 형태의 4G(4세대 이동통신) 서비스가 등장하게 될 것이다.

와이브로를 유선의 ADSL에 비유할 수 있다면, 동일 기술을 기반으로 한 4G는 유선의 VDSL에 비유할 수 있다. 다시 한 번 제3의 인터넷으로 퀀텀 점프(Quantum Jump, '양자 비약' 또는 '대약진'이라는 뜻의 물리학 용어)를 준비하고 있는 것이다. 4G는 휴대 인터넷, IMT-2000 고도화, 초고속 무선랜 등을 포함하는 시스템으로, 다른 통신망과의 끊김 없는 연동, 높은 보안, QoS 보장, 시간과 장소 제약이 없는 접속 환경을 제공한다. ITU(국제전기통신연합)의 정의에 따르면, '고속 이동 중에는 100Mbps, 저속 이동 중에는 1Gbps의 전송 속도를 지니면서 휴대폰을 이용해 음성 전화는 물론 인터넷 방송, 위성망 연결, 무선랜 접

속 등 끊김 없는 이동 서비스를 구현하는 광대역 무선 이동통신 기술'로, '꿈의 이동통신'
이라 불린다. 따라서 4G는 무선 접속 방식의 진보라기보다는 네트워크 자체에 대한 또
하나의 혁명으로 평가되고 있다.

다른 나라의 U-시티는 어떤 모습일까?

U-시티의 대표적인 사례인 두바이. 두바이는 1990년대 후반부터 세계적 정보 허브를 지향하며 세계 최초로 인터넷 시티, 미디어 시티, 지식 빌리지를 구축하면서 IT산업과 미디어산업에 최적화된 환경을 조성하고 있다. 특히 인터넷 시티는 최고의 IT 인프라를 기반으로 MS, 오라클, HP, IBM과 같은 세계적으로 유수한 업체들을 유치하면서 e-비즈니스와 정보통신 기술(ICT)의 허브로 자리 잡아가고 있다. 또한 "창조하는 자유"

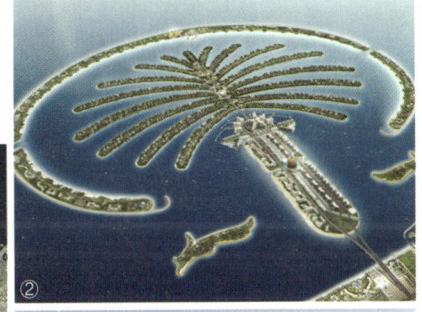

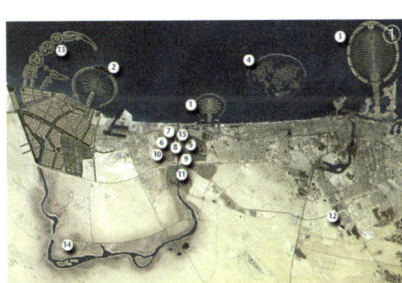

① 두바이의 인공 섬(The Palm) 조성 지역도
② 인공 섬 중 하나인 팜 주메이라(The Palm Jumeirah)
③ 7성급 호텔 '버즈 알 아랍'
④ 인터넷 시티
* 인공 섬 'The Palm' 관련 사이트 : http://www.nakheel.ae/,
  '인터넷 시티' 관련 사이트 : http://www.dubaiinternetcity.com/

라는 모토 아래 CNN, CNBC와 같은 세계적인 미디어 업체를 유치하면서 미디어 시티를 구축하고 있다. 그 외에도 세계 유수 대학 유치를 통해 지식 빌리지를 추구하고 있으며, 2010년까지 헬스케어 시티를 통해 외국인 투자 환경을 촉진하기 위한 최적의 생활환경을 제공하고 있다. 그리고 고갈되는 석유자원을 대체할 관광산업을 육성하기 위해 바다 위에 네 개의 인공 섬을 만들어, 고급 주거단지, 쇼핑몰, 각종 문화 시설, 호텔, 스포츠 시설 등이 들어서는 종합관광레저단지를 구축하고 있다.

에필로그

"초고속 인터넷의 미래, 한국에서 배운다." 이는 지난 2004년 세계적인 컨설팅 업체인 맥킨지가 작성한 연구 보고서의 제목이다. 한국의 초고속 인터넷 신화를 분석한 이 보고서에서 맥킨지는 "한국은 초고속 인터넷 서비스에 있어 전 세계의 흥미로운 실험실이다. …… 한국 사업자들의 새로운 시도는 세계 통신 시장에 귀중한 교훈을 줄 것이다"라는 결론을 내렸다.

이 보고서처럼 우리는 전 세계 인터넷 시장의 흐름을 앞서 주도해나가며 새로운 역사를 써 내려가고 있다. 2004년 9월 미국의 『포춘』지에서 "프랑스가 와인이나 치즈에 관해 막강한 영향력을 발휘하는 것처럼, 한국은 디지털 세상에서 큰 영향력을 발휘할 것이다"라고 평가한 것도 역시 같은 맥락이다.

이 땅에 인터넷이 상용화된 지 10여 년. 강산도 변한다는 속담마저 무색할 정도로 우리는 세상을 바꿔왔다. 명실공히 인터넷 강국으로 자리 잡고 이제 새로운 서비스들을 준비하며 제2의 인터넷 혁명을 꿈꾸고 있는 대한민국. 앞으로 또 10년 후, 우리는 어떤 미래를 만들어가고 있을지, 이제는 세계가 주목하고 있다. 디지털 세상의 최강자, 대한민국의 모습을 기대한다.

참고문헌

KT, 『KT 20년사』, 2001.

KT, 『KT R&D 20』, 2004.

정보통신부·한국전산원 공동 발행, 『한국의 초고속 정보통신망 발전사』, 2003. 5. 15.

한국전산원, 『2005 한국인터넷백서』, 2005. 5. 24.

한국전산원, 『2006 한국인터넷백서』, 2006. 5. 25.

한국전산원, 『초고속 국가망 사업의 발자취』, 2006. 1.

한국인터넷진흥원, 「2006년 상반기 정보화실태조사」, 2006. 7.

조문화, 「초고속 인터넷 서비스 수익 창출을 위한 사업 전략에 관한 연구」, 2004. 6.

김무성, 「한국의 광대역 인터넷 성공 요인 및 발전 방안에 관한 연구」, 2002.

빛의 속도 꿈의 네트워크, 세상과 소통하다
초고속 인터넷

2007년 1월 3일 초판 1쇄 발행
지은이 이상훈

펴낸이 이원중 책임편집 김선정 디자인 이유나 출력 경운출력 인쇄·제본 상지사

펴낸곳 지성사 출판등록일 1993년 12월 9일 등록번호 제10 – 916호
주소 (121 – 829) 서울시 마포구 상수동 337 – 4 전화 (02) 335 – 5494~5 팩스 (02) 335 – 5496
홈페이지 www.jisungsa.co.kr 이메일 jisungsa@hanmail.net
편집주간 김선정 지성사 편집팀 이지혜, 조현경 민연 편집팀 여미숙
디자인팀 임소영, 이유나 영업팀 권장규

ⓒ 이상훈 2007

ISBN 978 - 89 - 7889 - 146 - 2 (04560)
　　　 89 - 7889 - 095 - 4 (set)

잘못된 책은 바꾸어드립니다. 책값은 뒤표지에 있습니다.

이 시리즈는 NAEK 한국공학한림원과 지성사가 공학기술 정보 보급과 대중화를 위하여 기획, 발간하였습니다.